Estatuto Básico del Empleado Público

Estatuto Básico
del Empleado Público

Texto Refundido aprobado por Real Decreto Legislativo 5/2015, de 30 de octubre

Edición preparada por
MANUEL MORENO LINDE
Profesor contratado doctor de Derecho
Administrativo de la Universidad de Málaga
ESTHER RANDO BURGOS
Profesora contratada doctora de Derecho
Administrativo de la Universidad de Málaga
(acred. PTU)
y JOSÉ TORREGROSA VÁZQUEZ
Profesor de Derecho Administrativo
de la Universidad San Pablo CEU de Madrid

NOVENA EDICIÓN

tecnos

1.ª edición, 2007
2.ª edición, 2009
3.ª edición, 2011
    Reimpresión, 2012
4.ª edición, 2013
5.ª edición, 2016
6.ª edición, 2021
7.ª edición, 2022
8.ª edición, 2023
9.ª edición, 2024

Diseño de cubierta: J. M. Domínguez y J. Sánchez Cuenca

PAPEL DE FIBRA
CERTIFICADA

ISBN: 978-84-309-9101-3
Depósito Legal: M-17991-2024

Printed in Spain

ÍNDICE SISTEMÁTICO

APÉNDICE

PRÓLOGO A LA PRIMERA EDICIÓN

1. ORIGEN, ÁMBITO Y ALCANCE DEL ESTATUTO

El artículo 103.3 de la Constitución dispone que «la ley regulará el estatuto de los funcionarios públicos». Ese estatuto, entendido como régimen jurídico de los funcionarios, está hoy disperso en numerosas disposiciones del más variado signo, rango y procedencia. Pero el estatuto, con tal denominación, y entendido como texto único regulador en su completud de aquel régimen jurídico, no existía hasta ahora. La Ley 7/2007, de 12 de abril, publicada en el *BOE* del siguiente día 13, pretende, en principio y formalmente, cubrir la laguna existente ya desde hace más de veinticinco años.

Como sabemos, son muchos los intentos que se han sucedido para alcanzar el consenso suficiente que permitiese, de acuerdo con las Comunidades Autónomas y los sindicatos, aprobar el Estatuto Básico del Empleado Público[1]. Finalmente parece haberse conseguido[2]. No es ahora momento de hacer un balance que sería sin duda aventurado, pero sí cabe adelantar que el

---

[1] Entre ellos cabe destacar el Proyecto de Ley de Estatuto Básico de la Función Pública de 1999: *BOCG*, Congreso de los Diputados, n.º A-177-1, de 5 de julio de 1999. Dicho Proyecto se declaró caducado en febrero de 2000 por disolución de las Cámaras.

[2] Los últimos párrafos de la Exposición de Motivos del Estatuto (con una extraña sistemática, pues bien parecería que tal Exposición termina por donde debería comenzar) describen el proceso de elaboración del texto. Por Orden APU/3.018/2004, de 16 de septiembre, se constituyó la Comisión para el Estudio y Preparación del Estatuto Básico del Empleado Público, con la finalidad, según se señala en la propia página web del Ministerio de Administraciones Públicas, de «llevar a cabo los análisis y estudios previos así como la elaboración de un documento que sirva de base para la posterior elaboración del anteproyecto» de dicho Estatuto. La Comisión siguió en sus trabajos un «esquema participativo» y, según el Ministerio, tuvo la oportunidad de conocer, directamente o por escrito, la opinión de los representantes de las Comunidades Autónomas, de la Administración Local, de las organizaciones sindicales y de otras organizaciones portadoras de intereses profesionales, sociales o económicos relacionados con el empleo público, además de la de distintos Depar-

Estatuto aprobado ha satisfecho tantas expectativas como cuestiones discutibles y polémicas ha dejado sobre la mesa.

Según la Disposición Final 1.ª, la totalidad del texto tiene carácter básico (al amparo de los apartados 13 —bases y coordinación de la planificación general de la actividad económica— y 18 —bases del régimen estatutario de los funcionarios— del art. 149.1 de la Constitución) o es legislación directamente aplicable (al amparo del apartado 7 —legislación laboral— del mismo artículo). El Estatuto se aplica al personal funcionario y, en lo que proceda, al personal laboral al servicio de la Administración General del Estado, de las Administraciones de las Comunidades Autónomas, de Ceuta y Melilla, de las Entidades Locales, de los Organismos Públicos, Agencias y demás Entidades de Derecho público con personalidad jurídica propia, vinculadas o dependientes de cualquiera de las Administraciones Públicas, y, en fin, de las Universidades públicas (art. 2.º1). Además tiene carácter supletorio para todo el personal de las Administraciones Públicas no incluido en su ámbito de aplicación (art. 2.º5), y para el personal funcionario de Correos y Telégrafos (art. 5.º), y será de aplicación a diversos colectivos cuando así lo disponga su legislación específica (vid. art. 4.º). El texto, pues, quiere ser el Estatuto «del conjunto de funcionarios de todas las Administraciones Públicas» y del personal laboral a su servicio (según el art. 1.º, n.ºs 1 y 2, la Ley regula el estatuto de los funcionarios públicos e incluye las normas aplicables al personal laboral al servicio de las Administraciones Públicas), cumpliendo así el objetivo de ser la norma básica esencial por la que se establecen «los principios generales aplicables al

---

tamentos y Entidades de la Administración General del Estado y del sector público estatal y de otros expertos.

Una vez conocidas todas las opiniones, se expuso en el Informe un análisis de la situación del empleo público, de sus valores y aspectos positivos y de sus problemas y deficiencias. Conforme a la Orden de creación de la Comisión, se formularon, a modo de propuestas o sugerencias, las alternativas normativas que se consideraban más idóneas para la elaboración de un borrador del futuro Estatuto Básico. El Informe de la Comisión de Expertos fue la base para la elaboración del Anteproyecto de Ley.

conjunto de las relaciones de empleo público» (Exposición de Motivos)[3]. Quiere ser asimismo la pieza clave («un paso importante y necesario») en el proceso de reforma, «previsiblemente largo y complejo, que debe adaptar la articulación y la gestión del empleo público en España a las necesidades de nuestro tiempo» (E. de M.).

Sin embargo, el texto está muy lejos de ofrecer esa norma armonizadora y aclaratoria del régimen de los empleados públicos de todas las Administraciones Públicas. Regula, en noventa y nueve artículos integrados en ocho Títulos, además del objeto y ámbito de aplicación (Título I), las clases de personal (II), los derechos y deberes de los empleados públicos (III), la adquisición y pérdida de la relación de servicio (IV), la ordenación de la actividad profesional (V), las situaciones administrativas (VI), el régimen disciplinario (VII) y el régimen de cooperación entre las Administraciones Públicas (VIII). Todo ello a través de la derogación o modificación, sustancialmente, de la Ley de Funcionarios Civiles del Estado de 1964, la Ley de medidas de 1984, la Ley 9/1987, de órganos de representación, y la Ley 17/1993, de incorporación a la función pública española de los nacionales de otros Estados miembros de la Unión Europea. Así como los preceptos referidos a los funcionarios de las Corporaciones locales con habilitación de carácter nacional (ahora «de carácter estatal») comprendidos en la Ley 7/1985 y en el Real Decreto Legislativo 781/1986.

Son, pues, muchas, demasiadas quizá, las normas estatales sobre empleo público que siguen en vigor, pese a que deberán

---

[3] En las Disposiciones Adicionales se incluyen algunas previsiones específicas en relación con determinados colectivos. Así, la Disposición Adicional 1.ª se refiere al personal de las entidades del sector público estatal autonómico y local que no estén incluidas en el artículo 2.º del Estatuto. La 2.ª regula el régimen de los funcionarios con habilitación de carácter estatal de las Corporaciones Locales (ver asimismo la Disp. Trans. 7.ª). La 3.ª, el empleo público de la Comunidad Foral de Navarra. La 4.ª, los funcionarios públicos propios de Ceuta y Melilla. La 5.ª, el personal de los organismos reguladores a que se refiere la Disposición Adicional 10.ª1 de la Ley 6/1997, de 14 de abril, de Organización y Funcionamiento de la Administración General del Estado. La Disposición Transitoria 8.ª se refiere al personal funcionario de centros docentes dependientes de otras Administraciones.

ajustar su contenido a los principios contenidos en el nuevo Estatuto. Y por supuesto las de las Comunidades Autónomas, algunas de ellas muy recientes, como la Ley 3/2007, de 27 de marzo, de la función pública de la Comunidad Autónoma de las Islas Baleares (*BOE* de 27 de abril). Lo que de entrada plantea la cuestión, no fácil, de la vigencia de las actuales normas sobre empleo público, tanto estatales como autonómicas. Así como la vigencia y la entrada en vigor y efectividad del propio Estatuto, pues en no pocas ocasiones, a lo largo del texto, se remite a la aprobación de las correspondientes Leyes de Función Pública[4], sin olvidar lo preceptuado en la Disposición Final 4.ª (que, si bien establece que el Estatuto entrará en vigor en el plazo de un mes a partir de su publicación en el *BOE* —fue publicado el 13 de abril de 2007—, contiene excepciones importantes condicionadas a la aprobación de las correspondientes Leyes de Función Pública) y lo que establece la Disposición Final 2.ª, según la cual:

> Las previsiones de esta Ley son de aplicación a todas las Comunidades Autónomas respetando en todo caso las posiciones singulares en materia de sistema institucional y las competencias exclusivas y compartidas en materia de función pública y de autoorganización que les atribuyen los respectivos Estatutos de Autonomía, en el marco de la Constitución.

2. FUNDAMENTOS DE ACTUACIÓN DE LOS EMPLEADOS PÚBLICOS Y REFERENCIA AL CÓDIGO DE CONDUCTA (DEBERES DE LOS FUNCIONARIOS)

El Estatuto es, por otra parte, un texto que quiere reforzar y recuperar la vocación de servicio público que debe caracterizar a los empleados públicos. En este sentido, ya desde el artículo 1.º3 enumera lo que denomina «fundamentos de actuación»:

---

[4] Por ejemplo, artículos 11.2, 12.2, 16.3, 17.1, 18.3, 67.3, 78.3, 79.2, 80.2, 85.2, 87.4, 89.2, 93.1 y 95.4.

a) Servicio a los ciudadanos y a los intereses generales.

b) Igualdad, mérito y capacidad en el acceso y en la promoción profesional.

c) Sometimiento pleno a la Ley y al Derecho.

d) Igualdad de trato entre mujeres y hombres.

e) Objetividad, profesionalidad e imparcialidad en el servicio garantizadas con la inamovilidad en la condición de funcionario de carrera.

f) Eficacia en la planificación y gestión de los recursos humanos.

g) Desarrollo y cualificación profesional permanente de los empleados públicos.

h) Transparencia.

i) Evaluación y responsabilidad en la gestión.

j) Jerarquía en la atribución, ordenación y desempeño de las funciones y tareas.

k) Negociación colectiva y participación, a través de los representantes, en la determinación de las condiciones de empleo.

l) Cooperación entre las Administraciones Públicas en la regulación y gestión del empleo público.

Y, por otra parte, regula, en los artículos 52 y siguientes, lo que denomina «código de conducta». Señala la Exposición de Motivos que

> por primera vez se establece en nuestra legislación una regulación general de los deberes básicos de los empleados públicos, fundada en principios éticos y reglas de comportamiento, que constituye un auténtico código de conducta. Estas reglas se incluyen en el Estatuto con finalidad pedagógica y orientadora, pero también como límite de las actividades lícitas, cuya infracción puede tener consecuencias disciplinarias.

Nada hay que objetar a la idea de acudir al concepto de código de conducta, omnipresente ya en cualquier rama del Derecho. Pero no creo que el modo en que el Estatuto configura lo que llama código de conducta sea el más acertado. De entrada parece no tener muy claro el concepto, pues en el artículo 52, tras señalar los principios (numerosos, por cierto) con arreglo a los cuales deben desempeñar sus tareas los empleados públicos, añade que tales principios

> inspiran el código de conducta de los empleados públicos configurado por los principios éticos y de conducta regulados en los artículos siguientes.

Es decir, parece que no se remite a la elaboración futura de códigos de conducta, sino que el código de conducta de los empleados públicos es precisamente el contenido en los artículos 53 y 54. Desde luego, no podemos ahora detenernos en un tema tan interesante como de discutible regulación en el Estatuto, pero parece evidente que el uso del concepto «código de conducta» tal como se hace en el texto no es el más adecuado, cuando todavía no está del todo claro el alcance de la figura de los códigos de conducta (me remito a las aportaciones de Real Pérez en el ámbito conceptual iusprivatista y de Esteve Pardo en el ámbito del Derecho público), que en cualquier caso se vinculan a fenómenos de autorregulación. Cierto que, desde una perspectiva mediática e incluso «de imagen», parece ya casi obligado el recurso a la figura de los códigos de conducta, pero, repito, no está nada claro que la vía elegida para ello sea la más adecuada.

En fin, debe señalarse que no se modifica el régimen de incompatibilidades, si bien la Disposición Final 3.ª reforma la Ley 53/1984, de incompatibilidades, al objeto de, como señala la Exposición de Motivos,

> reforzar la total incompatibilidad del personal directivo, incluido el sometido a la relación laboral de carácter especial de alta dirección, para el desempeño de cualquier actividad privada. Y además se incluye en el personal sujeto a la Ley 53/1984, de 26 de diciembre, de incompatibilidades al servicio de las Administraciones Públicas, al personal al servicio de Agencias, así como de Fundaciones y Consorcios en determinados supuestos de financiación pública, como consecuencia de la aparición de nuevas figuras y entes.

3. PERSONAL FUNCIONARIO Y LABORAL

Por lo demás, el Estatuto no incorpora novedades estructurales si por tales entendemos aquellas que podrían haber significado un cambio de rumbo sustancial en la definición de nuestro modelo de empleo público. Como no podía ser de otro modo, se mueve dentro de la opción estatutaria y no laboral del sistema. Así se deriva de la Constitución y así lo dejó claro tempranamente el Tribunal Constitucional. Sin embargo, frente a la opción del artículo 15.1.*c*) de la Ley 30/1984 (artículo, por cierto, no derogado por el nuevo Estatuto), que indica qué puestos pueden ser desempeñados por personal laboral, el artículo 9.2 del Estatuto prescribe que:

> En todo caso, el ejercicio de las funciones que impliquen la participación directa o indirecta en el ejercicio de las potestades públicas o en la salvaguardia de los intereses generales del Estado y de las Administraciones Públicas corresponde exclusivamente a los funcionarios públicos, en los términos que en la Ley de desarrollo de cada Administración Pública se establezca.

Y, por su parte, el artículo 11.2 dispone que:

> Las Leyes de Función Pública que se dicten en desarrollo de este Estatuto establecerán los criterios para la determinación de los puestos de trabajo que pueden ser desempeñados por personal laboral, respetando en todo caso lo establecido en el artículo 9.2.

4. CLASIFICACIÓN DE LOS EMPLEADOS PÚBLICOS

Los empleados públicos se clasifican (arts. 8.º a 12) en funcionarios (de carrera e interinos), personal laboral (fijo, por tiempo indefinido o temporal) y personal eventual. A los que se añade, novedad importante, el «personal directivo profesional». Según el artículo 13.1,

> es personal directivo el que desarrolla funciones directivas profesionales en las Administraciones Públicas, definidas como tales en las normas específicas de cada Administración.

Según la Exposición de Motivos,

> está llamado a constituir en el futuro un factor decisivo de modernización administrativa, puesto que su gestión profesional se somete a criterios de eficacia y eficiencia, responsabilidad y control de resultados en función de los objetivos. Aunque, por fortuna, no han faltado en nuestras Administraciones funcionarios y otros servidores públicos dotados de capacidad y formación directiva, conviene avanzar decididamente en el reconocimiento legal de esta clase de personal, como ya sucede en la mayoría de los países vecinos.

Debe decirse que ya hay ejemplos previos de regulación de la figura del personal directivo en la Administración. Así, el artículo 23.1 de la Ley 28/2006, de 18 de julio, de Agencias estatales para la mejora de los servicios públicos, señala que:

> El personal directivo de las Agencias Estatales es el que ocupa los puestos de trabajo determinados como tales en el Estatuto de las mismas en atención a la especial responsabilidad, competencia técnica y relevancia de las tareas a ellos asignadas.

De hecho, el texto del artículo 13.3 del Estatuto coincide casi literalmente con el del artículo 23.4 de la Ley de Agencias.

Lo que ocurre es que, del juego del apartado inicial y del número 3 del citado artículo 13, el régimen del personal directivo queda ampliamente deslegalizado, pues se deja al Gobierno (estatal o autonómico) el establecimiento de su régimen jurídico específico, y a las normas específicas de cada Administración la definición de las funciones que pueda desarrollar.

5. ESTRUCTURACIÓN DE LOS RECURSOS HUMANOS. PROVISIÓN DE PUESTOS DE TRABAJO Y MOVILIDAD

El Estatuto dice ser respetuoso con las competencias de las Comunidades Autónomas y con la autonomía organizativa de las Entidades Locales en relación con la estructuración de los recursos humanos (E. de M. y art. 72). Pero en cualquier caso todas las Administraciones Públicas han de estructurar su organización

> a través de relaciones de puestos de trabajo u otros instrumentos organizativos similares que comprenderán, al menos, la denominación de los puestos, los grupos de clasificación profesional, los cuerpos o escalas, en su caso, a que estén adscritos, los sistemas de provisión y las retribuciones complementarias. Dichos instrumentos serán públicos [art. 74].

Los funcionarios se agrupan en cuerpos, escalas, especialidades u otros sistemas que incorporen competencias, capacidades y conocimientos comunes acreditados a través de un proceso selectivo (art. 75) y los cuerpos y escalas se clasifican en tres grupos, con sus subgrupos, en función del título exigido para su ingreso, estableciéndose un grupo A, con dos subgrupos A1 y A2; un grupo B y un grupo C, a su vez con los subgrupos C1 y C2 (E. de M. y art. 76)[5].

El artículo 78 establece que las Administraciones Públicas proveerán los puestos de trabajo mediante procedimientos basados en los principios de igualdad, mérito, capacidad y publicidad y que la provisión de puestos de trabajo en cada Administración Pública se llevará a cabo por los procedimientos de concurso y de libre designación con convocatoria pública. Se regula asimismo el traslado por necesidades del servicio o funcionales y la posibilidad de que, en casos de urgente e inaplazable necesidad, puedan proveerse puestos de trabajo con carácter provisional (art. 81). También, en línea con lo que ya hiciera la Ley Orgánica 1/2004, de 28 de diciembre, de Medidas de Protección Integral contra la Violencia de Género, se regula el derecho de las mujeres víctimas de violencia de género al traslado a otro puesto de trabajo, en cuyo caso el traslado tendrá la consideración de forzoso (art. 82)[6].

---

[5] La Disposición Transitoria 3.ª regula la entrada en vigor de la nueva clasificación profesional.

[6] El artículo 20.1.*i*) de la Ley 30/1984, en su redacción dada por la Ley Orgánica 1/2004, que es derogado por el Estatuto, atribuía a la mujer funcionaria un «derecho

6. CARRERA PROFESIONAL Y EVALUACIÓN DEL DESEMPEÑO

Así definidos los elementos esenciales de la estructuración del empleo público, el Estatuto se refiere a la carrera profesional, entendida como

> el conjunto ordenado de oportunidades de ascenso y expectativas de progreso profesional conforme a los principios de igualdad, mérito y capacidad [art. 16].

La regulación de la carrera se deja a las leyes de Función Pública que se dicten en desarrollo del Estatuto, que podrá aplicar, aislada o simultáneamente, alguna o algunas de las modalidades de carrera horizontal (progresión de grado, categoría, escalón u otros conceptos análogos, sin necesidad de cambiar de puesto de trabajo) o vertical (ascenso en la estructura de puestos de trabajo) y promoción interna horizontal (acceso a cuerpos o escalas del mismo subgrupo profesional) o vertical (ascenso desde un cuerpo o escala de un subgrupo, o grupo de clasificación profesional en el supuesto de que este no tenga subgrupo, a otro superior), que prevé el artículo 16.3[7]. Pero en el derecho a la carrera y a la promoción interna se ha dado especial importancia a la evaluación del desempeño. La Exposición de Motivos del Estatuto es clara:

> Elemento fundamental de la nueva regulación es, en cualquier caso, la evaluación del desempeño de los empleados públicos, que las Administraciones Públicas deberán establecer a través de procedimientos fundados en los principios de igualdad, objetividad y transparencia. La evaluación periódica deberá tenerse en cuenta a efectos de la promoción en la carrera, la provisión y el mantenimiento de los puestos de trabajo y para la determinación de una

---

preferente» a ocupar otro puesto de trabajo. El artículo 82 del Estatuto atribuye a la mujer «derecho al traslado a otro puesto de trabajo propio de su cuerpo, escala o categoría profesional, de análogas características, sin necesidad de que sea vacante de necesaria cobertura».

[7] Sobre la carrera profesional de los funcionarios de carrera, véase la Disposición Adicional 10.ª

parte de las retribuciones complementarias, vinculadas precisamente a la productividad o al rendimiento. Generalizando algunas experiencias que ya existen en el ámbito de nuestras Administraciones Públicas, se introduce así un factor de motivación personal y de control interno, que es común a las reformas del empleo público que se han adoptado o se están articulando en el ámbito europeo. Es obvio, en efecto, que las oportunidades de promoción y, en alguna medida, las recompensas que corresponden a cada empleado público han de relacionarse con la manera en que realiza sus funciones, en atención a los objetivos de la organización, pues resulta injusto y contrario a la eficiencia que se dispense el mismo trato a todos los empleados, cualquiera que sea su rendimiento y su actitud ante el servicio.

De ello deriva que la continuidad misma del funcionario en su puesto de trabajo alcanzado por concurso se ha de hacer depender de la evaluación positiva de su desempeño, pues hoy resulta ya socialmente inaceptable que se consoliden con carácter vitalicio derechos y posiciones profesionales por aquellos que, eventualmente, no atiendan satisfactoriamente a sus responsabilidades.

El artículo 20.1 define la evaluación del desempeño como «el procedimiento mediante el cual se mide y valora la conducta profesional y el rendimiento o el logro de resultados» y deja claro (n.º 4) que «la continuidad en un puesto de trabajo obtenido por concurso quedará vinculada a la evaluación del desempeño de acuerdo con los sistemas de evaluación que cada Administración Pública determine, dándose audiencia al interesado, y por la correspondiente resolución motivada» y que la evaluación tiene efectos claros y directos «en la carrera profesional horizontal, la formación, la provisión de puestos de trabajo y en la percepción de las retribuciones complementarias» (art. 20.3). Estamos, pues ante una de las más destacables como previstas y esperadas novedades del Estatuto. Resta ahora ver cómo va a aplicarse en la práctica lo que con tanta claridad y firmeza se define sobre el papel. En cualquier caso, debe tenerse en cuenta que, según la Disposición Final 4.ª2 del Estatuto, el régimen de la carrera, promoción profesional y evaluación del desempeño sólo producirá efectos a partir de la entrada en vigor de las Leyes de Función Pública que se dicten en desarrollo de aquel.

Además del derecho a la carrera, el Estatuto recoge otros derechos individuales (ejercidos individualmente, art. 14, o de forma colectiva, art. 15), de entre los que regula con detalle los derechos retributivos, los de negociación colectiva, representación, participación y reunión, y el derecho a la jornada de trabajo, permisos y vacaciones.

7. DERECHOS RETRIBUTIVOS

Los derechos retributivos se regulan siguiendo en lo esencial el régimen hasta ahora existente[8]. Las retribuciones se clasifican en básicas y complementarias. Las primeras son el sueldo, los trienios y los componentes de sueldo y trienio de las pagas extraordinarias (arts. 22.2 y 23). Las segundas se determinarán en su cuantía y estructura por las correspondientes leyes de cada Administración Pública atendiendo, entre otros, a los siguientes factores: *a*) la progresión alcanzada por el funcionario dentro del sistema de carrera administrativa; *b*) la especial dificultad técnica, responsabilidad, dedicación, incompatibilidad exigible para el desempeño de determinados puestos de trabajo o las condiciones en que se desarrolla el trabajo; *c*) el grado de interés, iniciativa o esfuerzo con que el funcionario desempeña su trabajo y el rendimiento o resultados obtenidos, y *d*) los servicios extraordinarios prestados fuera de la jornada normal de trabajo.

Tales factores, como fácilmente se adivina, vienen a coincidir con los actuales complementos de destino (*a*), específico (*b*) y productividad (*c*), así como con las gratificaciones (*d*).

Pero, sin duda, la más importante reforma en materia retributiva (y hay quien considera que se trata de una de las más importantes en el régimen de la función pública en España de los últimos años) es la determinación de la cuantía de las pagas extras, que, según el artículo 22.4, alcanzarán el importe

---

[8] En cualquier caso, ténganse en cuenta la Disposición Adicional 9.ª y la Disposición Transitoria 1.ª

de una mensualidad de retribuciones básicas y de la totalidad de las retribuciones complementarias, salvo aquellas a las que se refieren los apartados *c*) y *d*) que antes citaba.

8. NEGOCIACIÓN COLECTIVA, REPRESENTACIÓN Y PARTICIPACIÓN INSTITUCIONAL Y DERECHO DE REUNIÓN

A la negociación colectiva, representación y participación institucional y derecho de reunión dedica el Estatuto los artículos 31 a 46. Es la parte más extensa del nuevo texto, la que con más detalle regula. No en vano se deroga en su totalidad la Ley 9/1987, salvo su artículo 7.º [9] y con la excepción contemplada en la Disposición Transitoria 5.ª del Estatuto [10]. Dada la intención de este prólogo, no podemos entrar ahora en el análisis pormenorizado del régimen de negociación y participación. La negociación sigue dejándose en manos de la Mesas de Negociación (Mesas Generales y Mesas Sectoriales: arts. 34 a 36), en cuyo seno podrán concertarse Pactos y Acuerdos (art. 38) para la determinación de las condiciones de trabajo de los funcionarios. Cabe destacar que además de las Mesas Generales que habrán de constituirse en el ámbito

---

[9] Dicho artículo se refiere a la constitución de las Juntas de Personal en la Administración del Estado, en la Administración de Justicia, en las Comunidades Autónomas y en la Administración Local (Ayuntamientos, Diputaciones Provinciales, Cabildos, Consejos Insulares y demás Entidades locales). Asimismo, y de acuerdo con la modificación incluida por la Ley 21/2006, de 20 de junio, establece que, previa negociación y acuerdo con las Organizaciones Sindicales legitimadas según lo dispuesto en los artículos 6.º y 7.º de la Ley Orgánica 11/1985, de 2 de agosto, de Libertad Sindical, los órganos de gobierno de las Administraciones Públicas podrán modificar o establecer Juntas de Personal en razón del número o peculiaridades de sus colectivos, adecuando las mismas a las estructuras administrativas y/o a los ámbitos de negociación constituidos o que se constituyan.

[10] «En tanto se determine el procedimiento electoral general previsto en el artículo 39 del presente Estatuto, se mantendrán con carácter de normativa básica los siguientes artículos de la Ley 9/1987, de 12 de junio, de órganos de representación, determinación de las condiciones de trabajo y participación del personal al servicio de las Administraciones Públicas: 13.2, 13.3, 13.4, 13.5, 13.6, 15, 16, 17, 18, 19, 20, 21, 25, 26, 27, 28 y 29.»

de la Administración General del Estado, así como en cada una de las Comunidades Autónomas, Ciudades de Ceuta y Melilla y Entidades Locales (art. 34.1), se constituye una Mesa General de Negociación de las Administraciones Públicas (art. 36), cuya representación será unitaria, estará presidida por la Administración General del Estado y contará con representantes de las Comunidades Autónomas, de las Ciudades de Ceuta y Melilla y de la Federación Española de Municipios y Provincias, en función de las materias a negociar. Serán materias objeto de negociación en esta Mesa las relacionadas en el artículo 37 del Estatuto que resulten susceptibles de regulación estatal con carácter de norma básica, sin perjuicio de los acuerdos a que puedan llegar las Comunidades Autónomas en su correspondiente ámbito territorial en virtud de sus competencias exclusivas y compartidas en materia de Función Pública. Y, específicamente, el incremento global de las retribuciones del personal al servicio de las Administraciones Públicas que corresponda incluir en el Proyecto de Ley de Presupuestos Generales del Estado de cada año (art. 36.2).

El Estatuto determina las materias objeto de negociación (art. 37) y los efectos de los Pactos y Acuerdos (art. 38). Sin duda con el recuerdo de la Sentencia de la Audiencia Nacional de 7 de noviembre de 2000, que anuló la congelación salarial a los funcionarios acordada para 1997[11], se establecen al menos dos previsiones que merece la pena resaltar. Por un lado, que:

> Si los Acuerdos ratificados tratan sobre materias sometidas a reserva de Ley que, en consecuencia, sólo pueden ser determinadas definitivamente por las Cortes Generales o las Asambleas Legislativas de las Comunidades Autónomas, su contenido carecerá de eficacia directa. No obstante, en este supuesto, el órgano de gobierno respectivo que tenga iniciativa legislativa procederá a la elaboración, aprobación y remisión a las Cortes Generales o Asambleas Legislativas de las Comunidades Autónomas del correspon-

---

[11] El texto de la Sentencia puede consultarse en *Legislación de Funcionarios. Administración del Estado y local*, ed. preparada por José Luis Piñar Mañas, Diego José Vera Jurado y José M.ª Magán Perales, 7.ª ed., Tecnos, Madrid, 2006, pp. 1173 ss.

diente proyecto de Ley conforme al contenido del Acuerdo y en el plazo que se hubiera acordado [art. 38.3, párr. 2.º].

Por otro, que:

> Se garantiza el cumplimiento de los Pactos y Acuerdos, salvo cuando excepcionalmente y por causa grave de interés público derivada de una alteración sustancial de las circunstancias económicas, los órganos de gobierno de las Administraciones Públicas suspendan o modifiquen el cumplimiento de Pactos y Acuerdos ya firmados, en la medida estrictamente necesaria para salvaguardar el interés público. En este supuesto, las Administraciones Públicas deberán informar a las Organizaciones Sindicales de las causas de la suspensión o modificación [art. 38.10].

Por otra parte, y según señala la Exposición de Motivos del Estatuto:

> La Ley recoge también la regulación vigente en materia de representación del personal funcionario y el régimen electoral correspondiente. Se incorporan a ella algunas mejoras técnicas y se reduce en algunos aspectos el contenido de la legislación básica, pero sin desconocer la competencia que al Estado corresponde para regular estos aspectos intrínsecamente vinculados al ejercicio de los derechos sindicales [...] y se establece [...] la posibilidad de acudir a medios extrajudiciales de solución de los conflictos colectivos que puedan surgir en la interpretación y aplicación de los Pactos y Acuerdos, ya sea la mediación, obligatoria a instancia de una de las partes, o el arbitraje voluntario [regulación de todo ello contenida en los arts. 39 a 45].

9. DERECHO A LA JORNADA DE TRABAJO, PERMISOS Y VACACIONES

El derecho a la jornada de trabajo, permisos y vacaciones se regula en los artículos 47 a 51.
Según el artículo 47:

> Las Administraciones Públicas establecerán la jornada general y las especiales de trabajo de sus funcionarios públicos. La jornada de trabajo podrá ser a tiempo completo o a tiempo parcial.

Se echa en falta una referencia a la necesidad de que en la determinación de la jornada se tenga en cuenta la conciliación de la vida familiar y laboral, en línea con el llamado Plan Concilia[12].

Los supuestos de concesión de permisos serán determinados por las distintas Administraciones Públicas, si bien, en defecto de tal determinación, el Estatuto fija, con carácter de mínimo, los permisos y duración que deben reconocerse (art.48). Asimismo establece que, por motivos de conciliación de la vida personal, familiar y laboral y por razón de violencia de género, se concederán «en todo caso» permisos por parto, por adopción o acogimiento y por razón de violencia de género sobre la mujer funcionaria.

En fin, las vacaciones serán como mínimo de veintidós días hábiles por cada año natural, considerándose a tales efectos que los sábados no tienen la condición de días hábiles.

10. ADQUISICIÓN Y PÉRDIDA DE LA RELACIÓN DE SERVICIO

Según se afirma en la Exposición de Motivos de la Ley:

En materia de acceso al empleo público ha sido preocupación esencial garantizar en la mayor medida posible la aplicación de los principios de igualdad, mérito y capacidad, así como la transparencia de los procesos selectivos y su agilidad, sin que esto último menoscabe la objetividad de la selección. Ello no es, por cierto, incompatible con unas mayores posibilidades de apertura de nuestro empleo público a ciudadanos que carezcan de la nacionalidad española, en aplicación del Derecho comunitario o por razones de interés general, ni con la necesaria adopción de medidas positivas para promover el acceso de personas con discapacidad. En particular se hace hincapié en las garantías de

---

[12] Acuerdo del Gobierno publicado en el *BOE* de 16 de diciembre de 2005, y con efectos desde el 1 de enero de 2006 en la Administración del Estado. El Ministerio de Administraciones Públicas ha hecho público el balance del Plan Concilia: http://www.map.es/iniciativas/mejora_de_la_administracion_general_del_estado/funcion_publica/concilia.html.

imparcialidad y profesionalidad de los miembros de los órganos
de selección, para asegurar su independencia en el ejercicio de las
potestades que les corresponden y de ahí, que, como es regla en
otros ordenamientos, se establezcan determinados límites a su
composición. A ello se añade el criterio favorable a la paridad de
género, en coherencia con la mayor preocupación actual de nuestro ordenamiento por garantizar la igualdad real entre hombres
y mujeres.

A ello dedica el Estatuto sus artículos 55 a 62.

La condición de funcionario de carrera se pierde por las
siguientes causas (art. 63): la renuncia a la condición de funcionario, la pérdida de la nacionalidad, la jubilación total del
funcionario, la sanción disciplinaria de separación del servicio
que tuviere carácter firme y la pena principal o accesoria de
inhabilitación absoluta o especial para cargo público que tuviere carácter firme. La jubilación forzosa se declarará de
oficio a los sesenta y cinco años de edad (art. 67.3). El régimen
de jubilación parece diferente del hasta ahora previsto en el
artículo 33 de la Ley 30/1984 (derogado expresamente por el
Estatuto). Según este, cabía que el funcionario prolongase
voluntariamente su permanencia en la Administración hasta
como máximo los setenta años. Sin embargo, ahora parece
que no sólo depende del funcionario demorar su jubilación,
pues el artículo 67.3 dispone que:

> No obstante, en los términos de las Leyes de Función Pública
> que se dicten en desarrollo de este Estatuto, se podrá solicitar la
> prolongación de la permanencia en el servicio activo como máximo
> hasta que se cumpla setenta años de edad. La Administración Pú-
> blica competente deberá de resolver de forma motivada la acepta-
> ción o denegación de la prolongación.

La redacción plantea no pocos interrogantes. Ante todo,
¿debe esperarse a la aprobación de las Leyes de Función
Pública que se dicten en desarrollo del Estatuto para determinar el procedimiento de jubilación y su posible prórroga?
¿Qué ocurre cuando las leyes de desarrollo nada dicen, o se

remiten sin más a la legislación estatal?[13] ¿Siguen siendo aplicables los artículos correspondientes del Real Decreto Legislativo 670/1987, de 30 de abril, por el que se aprueba el Texto Refundido de la Ley de Clases Pasivas del Estado (cuyo art. 28 parece que sólo admite la prórroga de la jubilación forzosa cuando el funcionario «tuviera reconocidos doce años de servicios efectivos al Estado y no hubiese completado los quince») y, para los funcionarios civiles del Estado, el Real Decreto 172/1988, de 22 de febrero, sobre procedimientos de jubilación, principalmente su artículo 6.º? Y aún hay más: ¿qué sucede con los funcionarios docentes de las Universidades públicas —a los que se aplica el Estatuto, según dispone expresamente su artículo 2.1— dado que, además, se ha derogado expresamente la Disposición Adicional 15.ª de la Ley 30/1984, cuyo número 5 disponía que los funcionarios docentes podrán optar por obtener su jubilación a la terminación del curso académico en el que cumplieran los sesenta y cinco años? En el momento de escribir estas líneas sólo puedo dejar planteadas las anteriores interrogantes, que, desde luego, no tienen fácil respuesta dados los términos tajantes del nuevo Estatuto y su inmediata entrada en vigor[14].

11. SITUACIONES ADMINISTRATIVAS

Según el artículo 85.1, los funcionarios de carrera se hallarán en alguna de las siguientes situaciones: servicio activo, servicios especiales, servicio en otras Administraciones Públicas, excedencia y suspensión de funciones. Desaparece,

---

[13] El artículo 60 de la reciente Ley 3/2007, de 27 de marzo, de la Función Pública de la Comunidad Autónoma de las Illes Balears, dispone:
«*La jubilación.*—1.   La jubilación del personal funcionario puede ser:
»— Voluntaria.
»— Forzosa.
»— Por incapacidad permanente.
»2.   La jubilación se rige por la normativa estatal que resulte de aplicación.»
[14] Sobre jubilación, véase asimismo la Disposición Adicional 6.ª

pues, la situación de expectativa de destino[15]. Asimismo, y según establece el artículo 85.2, las Leyes de Función Pública que se dicten en desarrollo del Estatuto podrán regular otras situaciones administrativas de los funcionarios de carrera, en los supuestos, en las condiciones y con los efectos que en las mismas se determinen, cuando concurra, entre otras, alguna de las circunstancias siguientes: *a*) Cuando por razones organizativas, de reestructuración interna o exceso de personal, resulte una imposibilidad transitoria de asignar un puesto de trabajo o la conveniencia de incentivar la cesación en el servicio activo. *b*) Cuando los funcionarios accedan, bien por promoción interna o por otros sistemas de acceso, a otros cuerpos o escalas y no les corresponda quedar en alguna de las situaciones previstas en este Estatuto, y cuando pasen a prestar servicios en organismos o entidades del sector público en régimen distinto al de funcionario de carrera. Aquella regulación, según la situación administrativa de que se trate, podrá conllevar garantías de índole retributiva o imponer derechos u obligaciones en relación con el reingreso al servicio activo.

En cuanto a la excedencia de los funcionarios de carrera, puede adoptar las siguientes modalidades: excedencia voluntaria por interés particular (de duración ilimitada, como ya ocurre en la actualidad), excedencia voluntaria por agrupación familiar, excedencia por cuidado de familiares y excedencia por razón de violencia de género. Nada se dice de la situación de excedencia voluntaria incentivada[16], ni de la excedencia for-

---

[15] Esta situación se regulaba en el artículo 29.5 de la Ley 30/1984, de 2 de agosto, y en el artículo 12 del Real Decreto 365/1995, de 10 de marzo, por el que se aprueba el Reglamento de situaciones administrativas. El citado artículo 29.5 ha sido derogado, pero extrañamente se deja en vigor su último párrafo, según el cual en el ámbito de la Administración General del Estado corresponde al Ministerio de Administraciones Públicas efectuar la declaración y cese en la situación de expectativa de destino y la gestión del personal afectado por la misma. Debe señalarse, asimismo, que no hay ninguna Disposición Transitoria en el Estatuto que se refiera a quienes a su entrada en vigor se encuentren en la citada situación administrativa.

[16] Regulada en el artículo 29.7 de la Ley 30/1984 y en el art. 18 del Reglamento de situaciones administrativas, pueden aplicarse a dicha situación las mismas con-

zosa aplicable a funcionarios en expectativa de destino[17]. En cuanto a la excedencia por razón de violencia de género, viene a coincidir con la excedencia por razón de violencia sobre la mujer funcionaria que introdujo la Ley Orgánica 1/2004, a la que antes me referí.

12. RÉGIMEN DISCIPLINARIO

Según la Exposición de Motivos del Estatuto, la Ley se limita a ordenar los principios a que debe someterse el ejercicio de la potestad disciplinaria respecto de los empleados públicos, tipifica las infracciones muy graves y amplía el abanico de posibles sanciones. Por lo demás, se remite ampliamente a la legislación que, en su desarrollo, dicten el Estado y las Comunidades Autónomas en el ámbito de sus respectivas competencias.

En cuanto a las infracciones muy graves, y sin perjuicio de algunos retoques en el texto del artículo 31 de la Ley 30/1984, se introducen nuevos tipos infractores (art. 95): no hacerse cargo voluntariamente de las tareas o funciones que tienen encomendadas; la desobediencia abierta a las órdenes o instrucciones de un superior, salvo que constituyan infracción manifiesta del Ordenamiento jurídico; la prevalencia de la condición de empleado público para obtener un beneficio indebido para sí o para otro; la incomparecencia injustificada en las Comisiones de Investigación de las Cortes Generales y de las Asambleas Legislativas de las Comunidades Autónomas y el acoso laboral. Asimismo serán faltas muy graves las que queden tipificadas como tales en Ley de las Cortes Generales o de la Asamblea Legislativa de la correspondiente Comunidad Autónoma o por los convenios colectivos en el

---

sideraciones que en relación con la expectativa de destino he apuntado en la nota anterior, pues también se mantiene en vigor el último párrafo del citado artículo 29.7.

[17] Regulada en el artículo 29.6 de la Ley 30/84, cuyo párrafo último se ha declarado en vigor por el Estatuto. Véanse las dos notas anteriores.

caso de personal laboral. Sin embargo, desaparece como falta muy grave el haber sido sancionado por la comisión de tres faltas graves en un período de un año.

En cuanto a las sanciones, se añade la de «demérito», consistente en «la penalización a efectos de carrera, promoción o movilidad voluntaria» [art. 96.1.*e*)]. Se deroga, por supuesto, el artículo 91 del Texto Articulado de la Ley de Funcionarios Civiles del Estado de 1964.

13. COOPERACIÓN ENTRE LAS ADMINISTRACIONES PÚBLICAS

En fin, el Estatuto regula la cooperación de las Administraciones Públicas en los artículos 99 y 100. Al respecto, la Exposición de Motivos señala que

> se establecen los órganos e instrumentos de cooperación entre las Administraciones Públicas que, sin merma de su respectiva autonomía, se consideran esenciales para garantizar la coherencia y comunicación del sistema de empleo público en su conjunto. Se ha optado en este caso por suprimir el Consejo Superior de la Función Pública, dada la escasa operatividad que ha tenido este órgano y porque las funciones de que fue dotado hace más de veinte años han sido ya sustituidas en la práctica por la actividad de los órganos de coordinación entre el Estado y las Comunidades Autónomas y por las Mesas de Negociación y otras vías de participación de las organizaciones sindicales. En la Conferencia Sectorial correspondiente y en la Comisión de Coordinación del Empleo Público se prevé la presencia de una representación de la Administración Local que, no en vano, integra en la actualidad aproximadamente la cuarta parte de los empleados públicos.

* * *

Por último, no quiero dejar de agradecer, tanto en mi nombre como en el del profesor Diego J. Vera Jurado, la colaboración que, una vez más y de forma seria y rigurosa, nos han prestado en la preparación de esta edición Elsa Marina Álvarez González y Víctor Santiago Arcal, ambos profesores del Departamento de Derecho Administrativo de la Universidad de Málaga.

JOSÉ LUIS PIÑAR MAÑAS

Madrid, 2 de mayo de 2007

NOTA A LA NOVENA EDICIÓN

En esta novena edición de *Estatuto Básico del Empleado Público* se han incorporado las modificaciones introducidas por el Real Decreto-ley 5/2023, de 28 de junio, por el que se adoptan y prorrogan determinadas medidas de respuesta a las consecuencias económicas y sociales de la Guerra de Ucrania, de apoyo a la reconstrucción de la isla de La Palma y a otras situaciones de vulnerabilidad; de transposición de Directivas de la Unión Europea en materia de modificaciones estructurales de sociedades mercantiles y conciliación de la vida familiar y la vida profesional de los progenitores y los cuidadores; y de ejecución y cumplimiento del Derecho de la Unión Europea, y por el Real Decreto-ley 2/2024, de 21 de mayo, por el que se adoptan medidas urgentes para la simplificación y mejora del nivel asistencial de la protección por desempleo, y para completar la transposición de la Directiva (UE) 2019/1158 del Parlamento Europeo y del Consejo, de 20 de junio de 2019, relativa a la conciliación de la vida familiar y la vida profesional de los progenitores y los cuidadores, y por la que se deroga la Directiva 2010/18/UE del Consejo. Asimismo, se han incluido referencias al Real Decreto-ley 6/2023, de 19 de diciembre, por el que se aprueban medidas urgentes para la ejecución del Plan de Recuperación, Transformación y Resiliencia en materia de servicio público de justicia, función pública, régimen local y mecenazgo, pues esta norma desarrolla las disposiciones del Estatuto sobre planificación estratégica de recursos humanos, acceso al empleo público, evaluación del desempeño, carrera profesional y régimen del personal directivo en el ámbito de la Administración General del Estado. Todo ello ha obligado a realizar modificaciones tanto en el texto como en el aparato de notas.

ABREVIATURAS

CE	Constitución Española de 1978 (*BOE* n.º 311.1, de 29 de diciembre de 1978).
LFCE	Texto articulado de la Ley de Funcionarios Civiles del Estado, aprobado por Decreto 315/1964, de 7 de febrero (*BOE* n.º 40, de 17 de febrero de 1964).
LMRFP	Ley 30/1984, de 2 de agosto, de Medidas para la Reforma de la Función Pública (*BOE* n.º 185, de 3 de agosto de 1984; correcciones de errores en *BOE* n.º 229, de 24 de septiembre, y n.º 244, de 11 de octubre).
LPAC	Ley 39/2015, de 1 de octubre, del Procedimiento Administrativo Común de las Administraciones Públicas (*BOE* n.º 236, de 2 de noviembre de 2015).
LRBRL	Ley 7/1985, de 2 de abril, Reguladora de las Bases del Régimen Local (*BOE* n.º 80, de 3 de abril de 1985; corrección de errores en *BOE* n.º 139, de 11 de junio).
LRJSP	Ley 40/2015, de 1 de octubre, de Régimen Jurídico del Sector Público (*BOE* n.º 236, de 2 de octubre de 2015; corrección de errores en *BOE* n.º 306, de 23 de diciembre).
RGI	Reglamento General de ingreso del personal al servicio de la Administración General del Estado y de provisión de puestos de trabajo y promoción profesional de los funcionarios civiles de la Administración General del Estado, aprobado por Real Decreto 364/1995, de 10 de marzo (*BOE* n.º 85, de 10 de abril de 1995).
STC	Sentencia del Tribunal Constitucional.
TRRL	Texto Refundido de las disposiciones legales vigentes en materia de Régimen Local, aprobado por Real Decreto Legislativo 781/1986, de 18 de abril (*BOE* n.º 96, de 22 de abril de 1986; correcciones de errores en *BOE* n.º 165, de 11 de julio, y n.º 282, de 25 de noviembre).

REAL DECRETO LEGISLATIVO 5/2015, DE 30 DE OCTUBRE, POR EL QUE SE APRUEBA EL TEXTO REFUNDIDO DE LA LEY DEL ESTATUTO BÁSICO DEL EMPLEADO PÚBLICO

(*BOE* n.º 261, de 31 de octubre de 2015; corrección de errores en *BOE* n.º 278, de 20 de noviembre)

El artículo 1.g) de la Ley 20/2014, de 29 de octubre, por la que se delega en el Gobierno la potestad de dictar diversos textos refundidos, en virtud de lo establecido en el artículo 82 y siguientes de la Constitución Española, autoriza al Gobierno para aprobar, en el plazo de doce meses a partir de la entrada en vigor de esta Ley, un texto refundido en el se integren, debidamente regularizadas, aclaradas y armonizadas, la Ley 7/2007, de 12 de abril, del Estatuto Básico del Empleado Público, y las disposiciones en materia de régimen jurídico del empleo público contenidas en normas con rango de ley que la hayan modificado, y las que, afectando a su ámbito material, puedan, en su caso, promulgarse antes de la aprobación por Consejo de Ministros de los textos refundidos que procedan y así se haya previsto en las mismas.

Asimismo, el artículo 2 de la citada ley, prevé que los reales decretos legislativos que se dicten de acuerdo con la presente ley incluirán la derogación expresa de las normas que hayan sido objeto de refundición así como de las disposiciones reglamentarias dictadas en aplicación y desarrollo de las mismas que resulten incompatibles con la refundición efectuada.

De acuerdo con la citada habilitación se ha procedido a elaborar el texto refundido, siguiendo los criterios que a continuación se exponen.

En primer lugar, se ha procedido a integrar en un texto único todas las modificaciones introducidas en la Ley 7/2007, de 12 de abril, a través de diversas leyes que bien han dado una nueva redacción a determinados preceptos, bien han introducido nuevas disposiciones.

En segundo lugar, y de acuerdo con la delegación conferida, se han incluido en el texto las disposiciones en materia de régimen jurídico del empleo público contenidas en normas con rango de ley que la hayan modificado, entendiendo por tales únicamente aquellas normas con rango de ley, y carácter de legislación básica, que de manera indiscutible afectan al ámbito material de la Ley 7/2007, de 12 de abril, y que no tengan un mero carácter coyuntural o temporal, sino que han sido aprobadas con vocación de permanencia.

Por otra parte, el principio de seguridad jurídica ha guiado toda la elaboración de este texto refundido.

En este sentido, si bien en todo momento se ha perseguido el objetivo unificador que encarna esta clase de textos refundidos, lo que se ha realizado a través de la actualización, aclaración y armonización de las distintas leyes que lo conforman, dando lugar a un nuevo texto, completo y sistemático.

Asimismo, se entiende que esta tendencia unificadora no puede ser óbice para que se incluyan en el texto refundido, debidamente integradas, todas aquellas normas que son necesarias para evitar que se produzca un vacío legal, como ocurre con la regulación relativa a los títulos universitarios oficiales correspondientes a la anterior ordenación exigibles para el ingreso en las Administraciones Públicas; o aquellas que, si bien podrían tener un carácter temporal, aun no se han consumado al no haberse cumplido la condición prevista para ello, condición que en la mayoría de los supuestos supone la aprobación de las correspondientes leyes de desarrollo, como es el caso de alguna de las normas incluidas en la disposición derogatoria única de la Ley 7/2007, de 12 de abril, cuya derogación se preveía que se produciría, como se señalaba, cuando entrasen en vigor las leyes de desarrollo, leyes que en la mayoría de los casos aún no se han aprobado.

Por último, y como fruto de la integración operada, se ha procedido a ajustar la numeración de las disposiciones como consecuencia de las distintas derogaciones que ya se habían producido con anterioridad.

En su virtud, a propuesta del Ministro de Hacienda y Administraciones Públicas, de acuerdo con el Consejo de Estado y previa deliberación del Consejo de Ministros en su reunión del día 30 de octubre de 2015, dispongo:

Artículo único. *Aprobación del texto refundido de la Ley del Estatuto Básico del Empleado Público.*—Se aprueba el texto refundido de la Ley del Estatuto Básico del Empleado Público que se inserta a continuación.

DISPOSICIÓN ADICIONAL

Única. *Remisiones normativas.*—Las referencias efectuadas en otras disposiciones a las normas que se integran en el texto refundido que se aprueba, se entenderán efectuadas a los preceptos correspondientes de este último.

DISPOSICIÓN DEROGATORIA

Única. *Derogación normativa.*—Quedan derogadas todas las disposiciones de igual o inferior rango que se opongan a lo dispuesto en el presente real decreto legislativo y al texto refundido que por él se aprueba, y en particular, las siguientes:

1. La Ley 7/2007, de 12 de abril, del Estatuto Básico del Empleado Público.

2. La disposición final quinta de la Ley 40/2007, de 4 de diciembre, de medidas en materia de Seguridad Social.

3. La disposición final vigésima tercera de la Ley 39/2010, de 22 de diciembre, de

Presupuestos Generales del Estado para el año 2011.

4. El artículo 11 de la Ley 26/2011, de 1 de agosto, de adaptación normativa a la Convención Internacional sobre los Derechos de las Personas con Discapacidad.

5. La disposición final segunda de la Ley 27/2011, de 1 de agosto, sobre actualización, adecuación y modernización del sistema de Seguridad Social.

6. El artículo 7, el artículo 8, apartados 1 y 2, el artículo 11 y el artículo 13, apartado 1, del Real Decreto-ley 20/2012, de 13 de julio, de medidas para garantizar la estabilidad presupuestaria y de fomento de la competitividad.

7. La disposición adicional cuarta de la Ley Orgánica 9/2013, de 20 de diciembre, de control de la deuda comercial en el sector publico.

8. El artículo 28 de la Ley 15/2014, de 16 de septiembre, de racionalización del Sector Publico y otras medidas de reforma administrativa.

9. La disposición final sexta de la Ley Orgánica 9/2015, de 28 de julio, de Régimen de Personal de la Policía Nacional.

10. El artículo 5 de la Ley 25/2015, de 28 de julio, de mecanismo de segunda oportunidad, reducción de la carga financiera y otras medidas de orden social.

11. La disposición final cuarta de la Ley 26/2015, de 28 de julio, de modificación del sistema de protección a la infancia y a la adolescencia.

12. El artículo 2 del Real Decreto-ley 10/2015, de 11 de septiembre, por el que se conceden créditos extraordinarios y suplementos de crédito en el presupuesto del Estado y se adoptan otras medidas en materia de empleo público y de estímulo a la economía.

13. La disposición final novena de la Ley 48/2015, de 29 de octubre, de Presupuestos Generales del Estado para el año 2016.

DISPOSICIÓN FINAL

Única. *Entrada en vigor.*—El presente real decreto legislativo y el texto refundido que aprueba entrarán en vigor el día siguiente al de su publicación en el *Boletín Oficial del Estado*.

No obstante, la entrada en vigor de la duración prevista para el permiso de paternidad en el artículo 49.*c*) del texto refundido, se producirá en los términos previstos en la disposición transitoria sexta de dicho texto refundido.

Por último, la entrada en vigor, tanto del apartado 2 del artículo 50 como de la disposición adicional decimosexta del texto refundido, se producirá el 1 de enero de 2016.

TEXTO REFUNDIDO DE LA LEY DEL ESTATUTO BÁSICO DEL EMPLEADO PÚBLICO

ÍNDICE

Disposición transitoria 6.ª   Duración del permiso de paternidad por el nacimiento, acogimiento o adopción de un hijo para el personal funcionario hasta la entrada en vigor de la Ley 9/2009, de 6 de octubre.
Disposición transitoria 7.ª   Referencia a los organismos reguladores.
Disposición transitoria 8.ª   Aplicación del artículo 84.3.

Disposición derogatoria única.

Disposición final 1.ª   Habilitación competencial.
Disposición final 2.ª
Disposición final 3.ª   Modificación de la Ley 53/1984, de 26 de diciembre, de incompatibilidades del personal al servicio de las Administraciones Públicas.
Disposición final 4.ª   Entrada en vigor.

TÍTULO PRIMERO

Objeto y ámbito de aplicación

Artículo 1.º   *Objeto.—* 1. El presente Estatuto tiene por objeto establecer las bases del régimen estatutario de los funcionarios públicos incluidos en su ámbito de aplicación[1].

2. Asimismo tiene por objeto determinar las normas aplicables al personal laboral al servicio de las Administraciones Públicas[2].

3. Este Estatuto refleja, del mismo modo, los siguientes fundamentos de actuación:

a) Servicio a los ciudadanos y a los intereses generales[3].

b) Igualdad, mérito y capacidad en el acceso[4] y en la promoción profesional[5].

c) Sometimiento pleno a la ley y al Derecho[6].

d) Igualdad de trato entre mujeres y hombres[7].

---

[1] Arts. 103.3 y 149.1.18.ª CE. Véase la Disp. Final 1.ª de esta Ley.
[2] Art. 149.1.7.ª CE.
[3] Arts. 103.1 CE y 3.º1 y 2 LRJSP.
[4] Arts. 23.2 y 103.3 CE y 55.1 de esta Ley.
[5] Arts. 14.*c*) y 16.2 de esta Ley.
[6] Arts. 9.º1 y 103.1 CE, 3.º1 LRJSP, 6.º1 LRBRL y 52 de esta Ley.
[7] Arts. 9.º2 y 14 CE y 52 de esta Ley. Véase la Ley Orgánica 3/2007, de 22 de marzo, para la igualdad efectiva de mujeres y hombres, en especial sus arts. 5.º y 61.

e) Objetividad[8], profesionalidad e imparcialidad[9] en el servicio garantizadas con la inamovilidad en la condición de funcionario de carrera[10].

f) Eficacia en la planificación y gestión de los recursos humanos[11].

g) Desarrollo y cualificación profesional permanente de los empleados públicos[12].

h) Transparencia[13].

i) Evaluación[14] y responsabilidad[15] en la gestión.

j) Jerarquía en la atribución, ordenación y desempeño de las funciones y tareas[16].

k) Negociación colectiva y participación, a través de los representantes, en la determinación de las condiciones de empleo[17].

l) Cooperación entre las Administraciones Públicas en la regulación y gestión del empleo público[18].

Art. 2.º *Ámbito de aplicación*[19].—1. Este Estatuto se aplica al personal funcionario[20] y en lo que proceda al personal laboral[21] al servicio de las siguientes Administraciones Públicas:

---

[8] Arts. 103.1 CE, 3.º1 LRJSP, 6.º1 LRBRL y 52 de esta Ley.

[9] Arts. 103.3 CE y 52 de esta Ley.

[10] Art. 14.*a*) de esta Ley y 141.1 TRRL.

[11] Arts. 103.1 CE, 3.º1 LRJSP, y 69.1 de esta Ley.

[12] Arts. 16.2 y 54.8 de esta Ley.

[13] Arts. 3.º1 LRJSP y 52 de esta Ley. Véase la Ley 19/2013, de 9 de diciembre, de transparencia, acceso a la información pública y buen gobierno.

[14] Arts. 13.3, 14.*c*), 17.*b*), 20 y 37.*d*) de esta Ley.

[15] Art. 13.3 y Título VII de esta Ley.

[16] Art. 3.º1 LRJSP y 54.3 de esta Ley.

[17] Arts. 28.1 y 37.1 CE; Ley Orgánica 11/1985, de 2 de agosto, de Libertad Sindical; Capítulo IV del Título III de esta Ley; arts. 95 LRBRL y 7.º de la Ley 9/1987, de 12 de junio, de órganos de representación, determinación de las condiciones de trabajo y participación del personal al servicio de las Administraciones Públicas. Véanse la Disp. Trans. 5.ª y la Disp. Derog. única, apartado *c*), de esta Ley. Véase igualmente la STC 85/2001.

[18] Arts. 103.1 CE; 3.º1, 140.1 y 143 y ss. LRJSP y 10.1, 55, 117 y 118.1.A).*a*) LRBRL.

[19] Véase art. 1.º LMRFP.

[20] Arts. 9.º y 10 de esta Ley.

[21] Arts. 11 y 12 de esta Ley.

a) La Administración General del Estado[22].

b) Las Administraciones de las comunidades autónomas y de las ciudades de Ceuta y Melilla[23].

c) Las Administraciones de las entidades locales[24].

d) Los Organismos Públicos, agencias y demás entidades de derecho público con personalidad jurídica propia, vinculadas o dependientes de cualquiera de las Administraciones Públicas[25].

e) Las Universidades Públicas[26].

2. En la aplicación de este Estatuto al personal de investigación se podrán dictar normas singulares para adecuarlo a sus peculiaridades[27].

3. El personal docente y el personal estatutario de los Servicios de Salud[28] se regirán por la legislación específica dictada por el Estado y por las comunidades autónomas en el ámbito de sus respectivas competencias y por lo previsto en el presente Estatuto, excepto el Capítulo II del Título III, salvo el artículo 20, y los artículos 22.3, 24 y 84.

4. Cada vez que este Estatuto haga mención al personal funcionario de carrera se entenderá comprendido el personal estatutario de los Servicios de Salud.

5. El presente Estatuto tiene carácter supletorio para todo el personal de las Administraciones Públicas no incluido en su ámbito de aplicación[29].

---

[22] Véase el Título I de la LRJSP.

[23] Art. 31 y Disp. Adic. 4.ª de la Ley Orgánica 1/1995, de 13 de marzo, Estatuto de Autonomía para Ceuta; art. 31 y Disp. Adic. 4.ª de la Ley Orgánica 2/1995, de 13 de marzo, Estatuto de Autonomía para Melilla, y Disp. Adic. 3.ª de esta Ley.

[24] Art. 3.º LRBRL y art. 3.º y Disp. Trans. 7.ª de esta Ley.

[25] Véase el Título II de la LRJSP.

[26] Véase el Real Decreto 103/2019, de 1 de marzo, por el que se aprueba el Estatuto del personal investigador predoctoral en formación y art. 99 de la Ley Orgánica 2/2023, de 22 de marzo, del Sistema Universitario.

[27] Véase la Ley 14/2011, de 1 de junio, de la Ciencia, la Tecnología y la Innovación.

[28] Véase la Ley 55/2003, de 16 de diciembre, del Estatuto Marco del personal estatutario de los servicios de salud.

[29] Véanse las Disps. Adics. 1.ª y 4.ª de esta Ley.

Art. 3.º *Personal funcionario de las Entidades Locales*[30].—1. El personal funcionario de las entidades locales se rige por la legislación estatal que resulte de aplicación, de la que forma parte este Estatuto y por la legislación de las comunidades autónomas, con respeto a la autonomía local.

2. Los Cuerpos de Policía Local se rigen también por este Estatuto y por la legislación de las comunidades autónomas, excepto en lo establecido para ellos en la Ley Orgánica 2/1986, de 13 de marzo, de Fuerzas y Cuerpos de Seguridad.

Art. 4.º *Personal con legislación específica propia.*—Las disposiciones de este Estatuto sólo se aplicarán directamente cuando así lo disponga su legislación específica al siguiente personal:

a) Personal funcionario de las Cortes Generales[31] y de las asambleas legislativas de las comunidades autónomas.

b) Personal funcionario de los demás Órganos Constitucionales del Estado[32] y de los órganos estatutarios de las comunidades autónomas.

c) Jueces, Magistrados, Fiscales y demás personal funcionario al servicio de la Administración de Justicia[33].

---

[30] Arts. 2.º1 de esta Ley y 3.º y 89 LRBRL.

[31] Estatuto del Personal de las Cortes Generales, aprobado por Acuerdo conjunto de Congreso y Senado de 27 de marzo de 2006.

[32] Real Decreto 434/1988, de 6 de mayo, sobre reestructuración de la Casa de Su Majestad el Rey (modificado por Reales Decretos posteriores); Reglamento de Organización y Personal del Tribunal Constitucional (Acuerdos de 5 de julio de 1990, 5 de octubre de 1994, 8 de septiembre de 1999, 27 de febrero de 2001, 19 de diciembre de 2002, 14 de mayo de 2003, 31 de marzo de 2008, 28 de abril de 2010, 1 de abril de 2011 y 19 de noviembre de 2012, 11 de julio de 2014, 23 de julio de 2015, 21 de abril de 2016 y 2 de julio de 2018); Título VI de la Ley 7/1988, de 5 de abril, de Funcionamiento del Tribunal de Cuentas; Reglamento de organización y funcionamiento del Defensor del Pueblo, aprobado por las Mesas del Congreso y del Senado, a propuesta del Defensor del Pueblo, en su reunión conjunta de 6 de abril de 1983; título V del Reglamento de Organización y Funcionamiento del Consejo General del Poder Judicial, aprobado por Acuerdo de 22 de abril de 1986, del Consejo General del Poder Judicial.

[33] Véanse la Ley Orgánica 6/1985, de 1 de julio, del Poder Judicial, libros IV, V y VI, y la Ley 50/1981, de 30 diciembre, por la que se aprueba el Estatuto Orgánico del Ministerio Fiscal.

d) Personal militar de las Fuerzas Armadas[34].

e) Personal de las Fuerzas y Cuerpos de Seguridad[35].

f) Personal retribuido por arancel[36].

g) Personal del Centro Nacional de Inteligencia[37].

h) Personal del Banco de España y del Fondo de Garantía de Depósitos de Entidades de Crédito[38].

Art. 5.º *Personal de la Sociedad Estatal Correos y Telégrafos.*—El personal funcionario de la Sociedad Estatal Correos y Telégrafos se regirá por sus normas específicas[39] y supletoriamente por lo dispuesto en este Estatuto.

Su personal laboral se regirá por la legislación laboral y demás normas convencionalmente aplicables.

Art. 6.º *Leyes de Función Pública.*—En desarrollo de este Estatuto, las Cortes Generales y las asambleas legislativas de las comunidades autónomas aprobarán, en el ámbito de sus competencias, las leyes reguladoras de la Función Pública de la Administración General del Estado y de las comunidades autónomas[40].

Art. 7.º *Normativa aplicable al personal laboral.*—El personal laboral al servicio de las Administraciones Pú-

---

[34] Ley 17/1999, de 18 de mayo, de Régimen del Personal de las Fuerzas Armadas.

[35] Ley Orgánica 2/1986, de 13 de marzo, de Fuerzas y Cuerpos de Seguridad, y Ley 29/2014, de 28 de noviembre, de Régimen del Personal de la Guardia Civil y Ley Orgánica 9/2015, de 28 de julio, de Régimen de Personal de la Policía Nacional.

[36] Ley de 28 de mayo de 1862, del Notariado; Ley Hipotecaria, Texto Refundido aprobado por Decreto de 8 de febrero de 1946; Reglamento del Registro Mercantil, aprobado por Real Decreto 1.784/1996, de 19 de julio.

[37] Ley 11/2002, de 6 de mayo, reguladora del Centro Nacional de Inteligencia; Real Decreto 240/2013, de 5 de abril, por el que se aprueba el Estatuto del personal del Centro Nacional de Inteligencia.

[38] Art. 6.º bis de la Ley 13/1994, de 1 de junio, de Autonomía del Banco de España, y Sección 8.ª del Reglamento Interno del Banco de España, aprobado por Resolución de 28 de marzo de 2000, de su Consejo de Gobierno.

[39] Art. 58.7 de la Ley 14/2000, de 29 de diciembre, y Real Decreto 370/2004, de 5 de marzo, por el que se aprueba el Estatuto del personal de la Sociedad Estatal Correos y Telégrafos, Sociedad Anónima.

[40] Art. 149.1.18.ª CE y Disps. Finales 2.ª y 4.ª, apartado 2, de esta Ley.

blicas se rige, además de por la legislación laboral[41] y por las demás normas convencionalmente aplicables, por los preceptos de este Estatuto que así lo dispongan[42]. No obstante, en materia de permisos de nacimiento, adopción, del progenitor diferente de la madre biológica y lactancia[43], el personal laboral al servicio de las Administraciones Públicas se regirá por lo previsto en el presente Estatuto, no siendo de aplicación a este personal, por tanto, las previsiones del texto refundido de la Ley del Estatuto de los Trabajadores sobre las suspensiones de los contratos de trabajo que, en su caso, corresponderían por los mismos supuestos de hecho.

TÍTULO II

Personal al servicio de las Administraciones Públicas

CAPÍTULO PRIMERO[44]

CLASES DE PERSONAL

Art. 8.º *Concepto y clases de empleados públicos.—* 1. Son empleados públicos quienes desempeñan funciones retribuidas en las Administraciones Públicas al servicio de los intereses generales.

2. Los empleados públicos se clasifican en[45]:

a) Funcionarios de carrera[46].

b) Funcionarios interinos[47].

---

[41] Véase, como norma fundamental, el Texto Refundido de la Ley del Estatuto de los Trabajadores, aprobado por Real Decreto Legislativo 2/2015, de 23 de octubre.

[42] Arts. 149.1.7.ª CE y 21.1, 27, 32, 36, 38, 51, 55, 56, 61 y 83, título VII, Disp. Trans. 2.ª y Disp. Final 1.ª de esta Ley.

[43] Arts. 48 y 49 de esta Ley.

[44] Este capítulo no existía en la Ley 7/2007, de 12 de abril.

[45] Art. 89 LRBRL.

[46] Art. 9.º de esta Ley.

[47] Arts. 10, 25, 60.2 y 96.1.*a)* de esta Ley. Vigentes, en cuanto no se opongan a esta Ley, el art. 27 RGI, la Orden APU/1.461/2002, de 6 de junio, por la que

c) Personal laboral, ya sea fijo, por tiempo indefinido o temporal[48].

d) Personal eventual[49].

Art. 9.º *Funcionarios de carrera.*—1. Son funcionarios de carrera quienes, en virtud de nombramiento legal, están vinculados a una Administración Pública por una relación estatutaria regulada por el Derecho Administrativo para el desempeño de servicios profesionales retribuidos de carácter permanente[50].

2. En todo caso, el ejercicio de las funciones que impliquen la participación directa o indirecta en el ejercicio de las potestades públicas o en la salvaguardia de los intereses generales del Estado y de las Administraciones Públicas corresponden exclusivamente a los funcionarios públicos, en los términos que en la ley de desarrollo de cada Administración Pública se establezca[51].

Art. 10. *Funcionarios interinos*[52].—1. Son funcio-

---

se establecen normas para la selección y nombramiento de personal funcionario interino, y la Disp. Adic. 1.ª del Real Decreto 896/1991, de 7 de junio, por el que se establecen las reglas básicas y los programas mínimos a que debe ajustarse el procedimiento de selección de los funcionarios de Administración Local.

[48] Arts. 7.º y 11 de esta Ley y 177.2 TRRL.
[49] Arts. 12 y 60.2 de esta Ley, 104 LRBRL y 176 TRRL.
[50] Art. 130.2 TRRL.
[51] Véase la STC 99/1987, así como los arts. 15 LMRFP y 92.3 LRBRL.
[52] La redacción de este artículo proviene del art. 1 de la Ley 20/2021, de 28 de diciembre, de medidas urgentes para la reducción de la temporalidad en el empleo público. Sobre los efectos del mismo, hay que estar a lo establecido en la Disp. Trans. 2.ª de la citada Ley, a cuyo tenor «las previsiones contenidas en el art. 1 de esta Ley serán de aplicación únicamente, respecto del personal temporal nombrado o contratado con posterioridad a su entrada en vigor» (30 de diciembre de 2021). Sobre los procesos de estabilización de empleo temporal, véanse el art. 2 de la Ley 20/2021, de 28 de diciembre y sus Disposiciones Adicionales, Transitorias y Finales, teniendo en cuenta que la segunda de estas últimas mantiene en vigor la Disp. Final 2.ª del Real Decreto-ley 14/2021, de 6 de julio, cuya tramitación parlamentaria tras su convalidación dio lugar a la Ley 20/2021, de 28 de diciembre.
Continúan vigentes,, en cuanto no se opongan a esta Ley, el art. 27 RGI, la Orden APU/1.461/2002, de 6 de junio, por la que se establecen normas para la selección y nombramiento de personal funcionario interino, y la Disp. Adic. 1.ª del Real Decreto 896/1991, de 7 de junio, por el que se establecen las reglas básicas y los programas mínimos a que debe ajustarse el procedimiento de selección de los funcionarios de la Administración Local. Véase la STC 106/2019.

narios interinos los que, por razones expresamente justificadas de necesidad y urgencia, son nombrados como tales con carácter temporal para el desempeño de funciones propias de funcionarios de carrera, cuando se dé alguna de las siguientes circunstancias:

a) La existencia de plazas vacantes, cuando no sea posible su cobertura por funcionarios de carrera, por un máximo de tres años, en los términos previstos en el apartado 4.

b) La sustitución transitoria de los titulares, durante el tiempo estrictamente necesario.

c) La ejecución de programas de carácter temporal, que no podrán tener una duración superior a tres años, ampliable hasta doce meses más por las leyes de Función Pública que se dicten en desarrollo de este Estatuto.

d) El exceso o acumulación de tareas por plazo máximo de nueve meses, dentro de un periodo de dieciocho meses.

2. Los procedimientos de selección del personal funcionario interino serán públicos, rigiéndose en todo caso por los principios de igualdad, mérito, capacidad, publicidad[53] y celeridad, y tendrán por finalidad la cobertura inmediata del puesto. El nombramiento derivado de estos procedimientos de selección en ningún caso dará lugar al reconocimiento de la condición de funcionario de carrera.

3. En todo caso, la Administración formalizará de oficio la finalización de la relación de interinidad por cualquiera de las siguientes causas, además de por las previstas en el artículo 63[54], sin derecho a compensación alguna:

a) Por la cobertura reglada del puesto por personal funcionario de carrera a través de cualquiera de los procedimientos legalmente establecidos.

b) Por razones organizativas que den lugar a la supresión o a la amortización de los puestos asignados.

c) Por la finalización del plazo autorizado expresamente recogido en su nombramiento.

---

[53] Véanse notas 4 y 50.
[54] Arts. 64 a 67 y 96.1.*a*) de esta Ley.

d) Por la finalización de la causa que dio lugar a su nombramiento.

4. En el supuesto previsto en el apartado 1.*a*), las plazas vacantes desempeñadas por personal funcionario interino deberán ser objeto de cobertura mediante cualquiera de los mecanismos de provisión o movilidad previstos en la normativa de cada Administración Pública.

No obstante, transcurridos tres años desde el nombramiento del personal funcionario interino se producirá el fin de la relación de interinidad, y la vacante solo podrá ser ocupada por personal funcionario de carrera, salvo que el correspondiente proceso selectivo quede desierto, en cuyo caso se podrá efectuar otro nombramiento de personal funcionario interino.

Excepcionalmente, el personal funcionario interino podrá permanecer en la plaza que ocupe temporalmente, siempre que se haya publicado la correspondiente convocatoria dentro del plazo de los tres años, a contar desde la fecha del nombramiento del funcionario interino y sea resuelta conforme a los plazos establecidos en el artículo 70 del TREBEP. En este supuesto podrá permanecer hasta la resolución de la convocatoria, sin que su cese dé lugar a compensación económica.

5. Al personal funcionario interino le será aplicable el régimen general del personal funcionario de carrera en cuanto sea adecuado a la naturaleza de su condición temporal y al carácter extraordinario y urgente de su nombramiento, salvo aquellos derechos inherentes a la condición de funcionario de carrera.

Art. 11. *Personal laboral.*—1. Es personal laboral el que en virtud de contrato de trabajo formalizado por escrito, en cualquiera de las modalidades de contratación de personal previstas en la legislación laboral, presta servicios retribuidos por las Administraciones Públicas. En función de la duración del contrato este podrá ser fijo, por tiempo indefinido o temporal[55].

2. Las leyes de Función Pública que se dicten en desa-

---

[55] Art. 177 TRRL.

rrollo de este Estatuto establecerán los criterios para la determinación de los puestos de trabajo que pueden ser desempeñados por personal laboral, respetando en todo caso lo establecido en el artículo 9.2[56].

3. Los procedimientos de selección del personal laboral serán públicos, rigiéndose en todo caso por los principios de igualdad, mérito y capacidad. En el caso del personal laboral temporal se regirá igualmente por el principio de celeridad, teniendo por finalidad atender razones expresamente justificadas de necesidad y urgencia[57].

Art. 12. *Personal eventual*[58].—1. Es personal eventual el que, en virtud de nombramiento y con carácter no permanente, sólo realiza funciones expresamente calificadas como de confianza o asesoramiento especial, siendo retribuido con cargo a los créditos presupuestarios consignados para este fin.

2. Las leyes de Función Pública que se dicten en desarrollo de este Estatuto determinarán los órganos de gobierno de las Administraciones Públicas que podrán disponer de este tipo de personal. El número máximo se establecerá por los respectivos órganos de gobierno[59]. Este número y las condiciones retributivas serán públicas.

3. El nombramiento y cese serán libres. El cese tendrá lugar, en todo caso, cuando se produzca el de la autoridad a la que se preste la función de confianza o asesoramiento.

---

[56] Véase la STC 99/1987, así como el art. 15 LMRFP.

[57] La redacción de este artículo proviene del art. 1 de la Ley 20/2021, de 28 de diciembre. Sobre los efectos del mismo, hay que estar a lo establecido en la Disp. Trans. 2.ª de la citada Ley, a cuyo tenor «las previsiones contenidas en el art. 1 de esta Ley serán de aplicación únicamente, respecto del personal temporal nombrado o contratado con posterioridad a su entrada en vigor» (30 de diciembre de 2021). Sobre los procesos de estabilización de empleo temporal, véanse el art. 2 de la Ley 20/2021, de diciembre y sus Disposiciones Adicionales, Transitorias y Finales, teniendo en cuenta que la segunda de estas últimas mantiene en vigor la Disp. Final 2.ª del Real Decreto-ley 14/2021 de 6 de julio, cuya tramitación parlamentaria tras su convalidación dio lugar a la Ley 20/2021, de 28 de diciembre.

[58] Arts. 12 y 60.2 de esta Ley, 104 y 104 bis LRBRL y 176 TRRL.

[59] Arts. 22.2.*i*), 33.2.*f*), 104 bis y 127.1.*h*) LRBRL.

4. La condición de personal eventual no podrá constituir mérito para el acceso a la Función Pública o para la promoción interna.

5. Al personal eventual le será aplicable, en lo que sea adecuado a la naturaleza de su condición, el régimen general de los funcionarios de carrera.

CAPÍTULO II[60]

PERSONAL DIRECTIVO[61]

Art. 13. *Personal directivo profesional.*—El Gobierno y los órganos de gobierno de las comunidades autónomas podrán establecer, en desarrollo de este Estatuto, el régimen jurídico específico del personal directivo así como los criterios para determinar su condición, de acuerdo, entre otros, con los siguientes principios:

1. Es personal directivo el que desarrolla funciones directivas profesionales en las Administraciones Públicas, definidas como tales en las normas específicas de cada Administración.

2. Su designación atenderá a principios de mérito y capacidad y a criterios de idoneidad, y se llevará a cabo mediante procedimientos que garanticen la publicidad y concurrencia.

3. El personal directivo estará sujeto a evaluación con arreglo a los criterios de eficacia y eficiencia, responsabilidad por su gestión y control de resultados en relación con los objetivos que les hayan sido fijados.

4. La determinación de las condiciones de empleo del personal directivo no tendrá la consideración de materia objeto de negociación colectiva a los efectos de esta Ley. Cuando el personal directivo

---

[60] Este Capítulo II era subtítulo I en la Ley 7/2007, de 12 de abril. Sobre el régimen del personal directivo en el ámbito de la Administración del Estado, véase el Título IV del Libro II del Real Decreto-Ley 6/2023, de 19 de diciembre, por el que se aprueban medidas urgentes para la ejecución del Plan de Recuperación, Transformación y Resiliencia en materia de servicio público de justicia, función pública, régimen local y mecenazgo.

[61] Arts. 37.2.*c*) y 87.1.*f*), Disp. Adic. 3.ª y Disp. Final 3.ª de esta Ley. Véanse los arts. 16.1 de la Ley 53/1984, de 26 de diciembre, de incompatibilidades del personal al servicio de las Administraciones Públicas.

reúna la condición de personal laboral estará sometido a la relación laboral de carácter especial de alta dirección[62].

TÍTULO III

Derechos y deberes. Código de conducta de los empleados públicos

CAPÍTULO PRIMERO

DERECHOS DE LOS EMPLEADOS PÚBLICOS

Art. 14. *Derechos individuales.*—Los empleados públicos tienen los siguientes derechos de carácter individual en correspondencia con la naturaleza jurídica de su relación de servicio:

a) A la inamovilidad en la condición de funcionario de carrera[63].

b) Al desempeño efectivo de las funciones o tareas propias de su condición profesional y de acuerdo con la progresión alcanzada en su carrera profesional.

c) A la progresión en la carrera profesional[64] y promoción interna[65] según principios constitucionales de igualdad, mérito y capacidad mediante la implantación de sistemas objetivos y transparentes de evaluación.

d) A percibir las retribuciones y las indemnizaciones por razón del servicio[66].

e) A participar en la consecución de los objetivos atribuidos a la unidad donde preste sus servicios y a ser informado por sus superiores de las tareas a desarrollar.

f) A la defensa jurídica y protección de la Administración Pública en los procedimientos que se sigan ante cualquier orden jurisdiccio-

---

[62] Regulada por el Real Decreto 1.382/1985, de 1 de agosto, por el que se regula la relación laboral de carácter especial del personal de alta dirección.

[63] Arts. 1.º2.*e)* de esta Ley y 141.1 TRRL.

[64] Arts. 16, 17.4, 19, 24.*a)* y 37.2.*e)* de esta Ley.

[65] Arts. 16, 18, 19, 37.1.*f)* y 61.1 de esta Ley.

[66] Capítulo III de este título.

nal como consecuencia del ejercicio legítimo de sus funciones o cargos públicos[67].

g)   A la formación continua y a la actualización permanente de sus conocimientos y capacidades profesionales, preferentemente en horario laboral[68].

h)   Al respeto de su intimidad, orientación e identidad sexual, expresión de género, características sexuales, propia imagen y dignidad en el trabajo, especialmente frente al acoso sexual y por razón de sexo, de orientación e identidad sexual, expresión de género o características sexuales, moral y laboral[69].

i)   A la no discriminación por razón de nacimiento, origen racial o étnico, género, sexo u orientación e identidad sexual, expresión de género, características sexuales, religión o convicciones, opinión, discapacidad, edad o cualquier otra condición o circunstancia personal o social[70].

j)   A la adopción de medidas que favorezcan la conciliación de la vida personal, familiar y laboral[71].

j bis)   A la intimidad en el uso de dispositivos digitales puestos a su disposición y frente al uso de dispositivos de videovigilancia y geolocalización, así como a la desconexión digital en los términos establecidos en la legislación vigente en materia de protec-

---

[67] Arts. 2.º de la Ley 52/1997, de 27 de noviembre, de Asistencia Jurídica al Estado e Instituciones Públicas, y 141.2 TRRL.

[68] Arts. 33, 34 y 35 LFCE; 20.3, 54.8, 69, 73.3 y 89.4 de esta Ley y 96 LRBRL.

[69] Arts. 10, 15 y 18 CE, 53.4 y 95.2.*b*) o o) de esta Ley. Véase la Ley Orgánica 3/2007, de 22 de marzo, para la igualdad efectiva de mujeres y hombres y la Ley 4/2023, de 28 de febrero, para la igualdad real y efectiva de las personas trans y para la garantía de los derechos de las personas LGTBI. Véase, asimismo, el art. 19.1.*i*) de la Ley 29/1998, de 13 de julio, reguladora de la Jurisdicción Contencioso-administrativa.

[70] Arts. 14 CE, 53.4 y 95.2.*b*) de esta Ley y 314 del Código Penal. Véase la Ley Orgánica 3/2007, de 22 de marzo, para la igualdad efectiva de mujeres y hombres, en especial su art. 6.º Véase la Ley 4/2023, de 28 de febrero, para la igualdad real y efectiva de las personas trans y para la garantía de los derechos de las personas LGTBI.

[71] Arts. 39.1 CE, 48.*e*) a *j*) y 49 de esta Ley y 44 de la Ley Orgánica 3/2007, de 22 de marzo, para la igualdad efectiva de mujeres y hombres, así como la Ley 39/1999, de 5 de noviembre, para promover la conciliación de la vida familiar y laboral de las personas trabajadoras.

ción de datos personales y garantía de los derechos digitales[72].

k) A la libertad de expresión dentro de los límites del ordenamiento jurídico[73].

l) A recibir protección eficaz en materia de seguridad y salud en el trabajo[74].

m) A las vacaciones, descansos, permisos y licencias[75].

n) A la jubilación según los términos y condiciones establecidas en las normas aplicables[76].

o) A las prestaciones de la Seguridad Social correspondientes al régimen que les sea de aplicación[77].

p) A la libre asociación profesional[78].

q) A los demás derechos reconocidos por el ordenamiento jurídico.

Art. 15. *Derechos individuales ejercidos colectivamente.*—Los empleados públicos tienen los siguientes derechos individuales que se ejercen de forma colectiva:

---

[72] Art. 20 bis del Texto Refundido de la Ley del Estatuto de los Trabajadores, aprobado por Real Decreto Legislativo 2/2015, de 23 de octubre.

[73] Art. 20 CE.

[74] Arts. 54.9 de esta Ley y 316 del Código Penal. Véase la Ley 31/1995, de 8 de noviembre, de Prevención de Riesgos Laborales.

[75] Capítulo V del Título II de esta Ley; arts. 72, 73, 74 y 75 LFCE, 30.1, 2 y 4 LMRFP y 142 TRRL.

[76] Arts. 29, 63.*c*), 67 y Disp. Adic. 5.ª de esta Ley; arts. 39.4 LFCE y 139 TRRL.

[77] Arts. 67.2 LFCE y 139 TRRL. Véanse el Texto Refundido de la Ley General de la Seguridad Social, aprobado por Real Decreto Legislativo 8/2015, de 30 de octubre; el Texto Refundido de la Ley sobre Seguridad Social de los Funcionarios Civiles del Estado, aprobado por Real Decreto Legislativo 4/2000, de 23 de junio; el Texto Refundido de Ley de Clases Pasivas del Estado, aprobado por Real Decreto Legislativo 670/1987, de 30 de abril; el Real Decreto 172/1988, de 22 de febrero, sobre procedimientos de jubilación y concesión de pensiones de jubilación de los Funcionarios Civiles del Estado; la Resolución de 29 de diciembre de 1995, de la Secretaría de Estado para la Administración Pública, por la que se modifican los procedimientos de jubilación del personal civil incluido en el ámbito de cobertura del Régimen de Clases Pasivas del Estado, y el Real Decreto 480/1993, de 2 de abril, por el que se integra en el Régimen General de la Seguridad Social el Régimen Especial de los Funcionarios de la Administración Local.

[78] Art. 22 CE y Ley Orgánica 1/2002, de 22 de marzo, reguladora del Derecho de Asociación.

a) A la libertad sindical[79].

b) A la negociación colectiva y a la participación en la determinación de las condiciones de trabajo[80].

c) Al ejercicio de la huelga, con la garantía del mantenimiento de los servicios esenciales de la comunidad[81].

d) Al planteamiento de conflictos colectivos de trabajo, de acuerdo con la legislación aplicable en cada caso[82].

e) Al de reunión, en los términos establecidos en el artículo 46 de este Estatuto[83].

CAPÍTULO II

DERECHO A LA CARRERA PROFESIONAL Y A LA PROMOCIÓN INTERNA. LA EVALUACIÓN DEL DESEMPEÑO[84]

Art. 16. *Concepto, principios y modalidades de la carrera profesional de los funcionarios de carrera.*—1. Los funcionarios de carrera tendrán derecho a la promoción profesional.

2. La carrera profesional es el conjunto ordenado de oportunidades de ascenso y

---

[79] Art. 28.1 CE y Ley Orgánica 11/1985, de 2 de agosto, de Libertad Sindical.

[80] Arts. 28.1 y 37.1 CE; Ley Orgánica 11/1985, de 2 de agosto, de Libertad Sindical; Capítulo IV del Título III de esta Ley; arts. 95 LRBRL y 7.º de la Ley 9/1987, de 12 de junio, de órganos de representación, determinación de las condiciones de trabajo y participación del personal al servicio de las Administraciones Públicas. Véanse la Disp. Trans. 5.ª y la Disp. Derog. única, apartado *c),* de esta Ley.

[81] Art. 28.2 CE y Real Decreto-ley 17/1977, de 4 de marzo, sobre relaciones de trabajo.

[82] Arts. 37.2 CE y 45 de esta Ley, y Real Decreto-ley 17/1977, de 4 de marzo, sobre relaciones de trabajo.

[83] Art. 21 CE y Ley Orgánica 9/1983, de 15 de julio, reguladora del Derecho de Reunión.

[84] Art. 14.*c)* y Disp. Adic. 9.ª de esta Ley. Téngase en cuenta la Disp. Final 4.ª, que supedita la entrada en vigor de este capítulo a la entrada en vigor de las Leyes de Función Pública que se dicten en desarrollo del Estatuto Básico. Sobre carrera profesional y evaluación del desempeño en el ámbito de la Administración del Estado, véase el Título III del Libro II del Real Decreto-Ley 6/2023, de 19 de diciembre, por el que se aprueban medidas urgentes para la ejecución del Plan de Recuperación, Transformación y Resiliencia en materia de servicio público de justicia, función pública, régimen local y mecenazgo.

expectativas de progreso profesional conforme a los principios de igualdad, mérito y capacidad.

A tal objeto las Administraciones Públicas promoverán la actualización y perfeccionamiento de la cualificación profesional de sus funcionarios de carrera[85].

3. Las leyes de Función Pública que se dicten en desarrollo de este Estatuto regularán la carrera profesional aplicable en cada ámbito que podrán consistir, entre otras, en la aplicación aislada o simultánea de alguna o algunas de las siguientes modalidades[86]:

a) Carrera horizontal, que consiste en la progresión de grado, categoría, escalón u otros conceptos análogos, sin necesidad de cambiar de puesto de trabajo y de conformidad con lo establecido en la letra *b*) del artículo 17 y en el apartado 3 del artículo 20 de este Estatuto.

b) Carrera vertical, que consiste en el ascenso en la estructura de puestos de trabajo por los procedimientos de provisión establecidos en el Capítulo III del Título V de este Estatuto.

c) Promoción interna vertical, que consiste en el ascenso desde un cuerpo o escala de un Subgrupo, o Grupo de clasificación profesional en el supuesto de que este no tenga Subgrupo, a otro superior, de acuerdo con lo establecido en el artículo 18.

d) Promoción interna horizontal, que consiste en el acceso a cuerpos o escalas del mismo Subgrupo profesional, de acuerdo con lo dispuesto en el artículo 18.

4. Los funcionarios de carrera podrán progresar simultáneamente en las modalidades de carrera horizontal y vertical cuando la Administración correspondiente las haya implantado en un mismo ámbito.

Art. 17. *Carrera horizontal de los funcionarios de carrera.*—Las leyes de Función Pública que se dicten en desarrollo del presente Estatuto podrán regular la carrera ho-

---

[85] Arts. 33, 34 y 35 LFCE y 54.8 y 69.2.*d*) de esta Ley.
[86] Véanse las referencias a esta Ley que contiene el precepto.

rizontal de los funcionarios de carrera, pudiendo aplicar, entre otras, las siguientes reglas:

a) Se articulará un sistema de grados, categorías o escalones de ascenso fijándose la remuneración a cada uno de ellos. Los ascensos serán consecutivos con carácter general, salvo en aquellos supuestos excepcionales en los que se prevea otra posibilidad.

b) Se deberá valorar la trayectoria y actuación profesional, la calidad de los trabajos realizados, los conocimientos adquiridos y el resultado de la evaluación del desempeño[87]. Podrán incluirse asimismo otros méritos y aptitudes por razón de la especificidad de la función desarrollada y la experiencia adquirida.

Art. 18. *Promoción interna de los funcionarios de carrera*[88].—1. La promoción interna se realizará mediante procesos selectivos que garanticen el cumplimiento de los principios constitucionales de igualdad, mérito y ca-pacidad así como los contemplados en el artículo 55.2 de este Estatuto.

2. Los funcionarios deberán poseer los requisitos exigidos para el ingreso, tener una antigüedad de, al menos, dos años de servicio activo en el inferior Subgrupo, o Grupo de clasificación profesional, en el supuesto de que este no tenga Subgrupo y superar las correspondientes pruebas selectivas.

3. Las leyes de Función Pública que se dicten en desarrollo de este Estatuto articularán los sistemas para realizar la promoción interna, así como también podrán determinar los cuerpos y escalas a los que podrán acceder los funcionarios de carrera pertenecientes a otros de su mismo Subgrupo.

Asimismo las leyes de Función Pública que se dicten en desarrollo del presente Estatuto podrán determinar los cuerpos y escalas a los que podrán acceder los funcionarios de carrera pertenecientes a otros de su mismo Subgrupo.

---

[87] Art. 20 de esta Ley.
[88] Art. 22 LMRFP, salvo los cinco primeros párrafos del apartado 1, que se derogan por esta Ley.

4. Las Administraciones Públicas adoptarán medidas que incentiven la participación de su personal en los procesos selectivos de promoción interna y para la progresión en la carrera profesional.

Art. 19. *Carrera profesional y promoción del personal laboral*[89].—1. El personal laboral tendrá derecho a la promoción profesional.

2. La carrera profesional y la promoción del personal laboral se hará efectiva a través de los procedimientos previstos en el Estatuto de los Trabajadores o en los convenios colectivos.

Art. 20. *La evaluación del desempeño*[90].—1. Las Administraciones Públicas establecerán sistemas que permitan la evaluación del desempeño de sus empleados.

La evaluación del desempeño es el procedimiento mediante el cual se mide y valora la conducta profesional y el rendimiento o el logro de resultados.

2. Los sistemas de evaluación del desempeño se adecuarán, en todo caso, a criterios de transparencia, objetividad, imparcialidad y no discriminación y se aplicarán sin menoscabo de los derechos de los empleados públicos.

3. Las Administraciones Públicas determinarán los efectos de la evaluación en la carrera profesional horizontal, la formación, la provisión de puestos de trabajo y en la percepción de las retribuciones complementarias previstas en el artículo 24 del presente Estatuto.

4. La continuidad en un puesto de trabajo obtenido por concurso[91] quedará vinculada a la evaluación del desempeño de acuerdo con los sistemas de evaluación que cada Administración Pública determine, dándose audiencia al interesado, y por la correspondiente resolución motivada.

---

[89] Arts. 35.1 CE, 4.º2.*b*) y 22 a 25 del Texto Refundido de la Ley del Estatuto de los Trabajadores, aprobado por Real Decreto Legislativo 2/2015, de 23 de octubre.

[90] Art. 17.*b*) de esta Ley.

[91] Art. 79 de esta Ley y, en cuanto no se opongan a la misma, los arts. 39 a 50 RGI.

5. La aplicación de la carrera profesional horizontal, de las retribuciones complementarias derivadas del apartado c) del artículo 24 del presente Estatuto y el cese del puesto de trabajo obtenido por el procedimiento de concurso requerirán la aprobación previa, en cada caso, de sistemas objetivos que permitan evaluar el desempeño de acuerdo con lo establecido en los apartados 1 y 2 de este artículo.

CAPÍTULO III

DERECHOS RETRIBUTIVOS[92]

Art. 21. *Determinación de las cuantías y de los incrementos retributivos*[93].—1. Las cuantías de las retribuciones básicas y el incremento de las cuantías globales de las retribuciones complementarias de los funcionarios, así como el incremento de la masa salarial del personal laboral, deberán reflejarse para cada ejercicio presupuestario en la correspondiente ley de presupuestos.

2. No podrán acordarse incrementos retributivos que globalmente supongan un incremento de la masa salarial superior a los límites fijados anualmente en la Ley de Presupuestos Generales del Estado para el personal[94].

Art. 22. *Retribuciones de los funcionarios.*—1. Las retribuciones de los funcionarios de carrera[95] se clasifican en básicas y complementarias.

2. Las retribuciones básicas[96] son las que retribuyen al funcionario según la adscripción de su cuerpo o escala a un determinado Subgrupo o Grupo de clasificación profesional[97], en el supuesto de que este no tenga Subgrupo, y por

---

[92] Véanse la Disp. Adic. 8.ª y la Disp. Trans 1.ª de esta Ley. Téngase en cuenta la Disp. Final 4.ª, que supedita la entrada en vigor de este capítulo (salvo el art. 25.2) a la entrada en vigor de las Leyes de Función Pública que se dicten en desarrollo del Estatuto Básico.

[93] Arts. 149.1.13.ª CE, 129.1.a) y 154.1 y 2 TRRL.

[94] Art. 37.1.a) de esta Ley.

[95] Art. 9.º de esta Ley.

[96] Art. 23 de esta Ley.

[97] Art. 76 de esta Ley.

su antigüedad en el mismo. Dentro de ellas están comprendidas los componentes de sueldo y trienios de las pagas extraordinarias.

3. Las retribuciones complementarias[98] son las que retribuyen las características de los puestos de trabajo, la carrera profesional o el desempeño, rendimiento o resultados alcanzados por el funcionario.

4. Las pagas extraordinarias serán dos al año, cada una por el importe de una mensualidad de retribuciones básicas y de la totalidad de las retribuciones complementarias, salvo aquellas a las que se refieren los apartados c) y d) del artículo 24.

5. No podrá percibirse participación en tributos o en cualquier otro ingreso de las Administraciones Públicas como contraprestación de cualquier servicio, participación o premio en multas impuestas, aun cuando estuviesen normativamente atribuidas a los servicios[99].

Art. 23. *Retribuciones básicas.*—Las retribuciones básicas, que se fijan en la Ley de Presupuestos Generales del Estado, estarán integradas única y exclusivamente por:

a) El sueldo asignado a cada Subgrupo o Grupo de clasificación profesional, en el supuesto de que este no tenga Subgrupo.

b) Los trienios[100], que consisten en una cantidad, que será igual para cada Subgrupo o Grupo de clasificación profesional, en el supuesto de que este no tenga Subgrupo, por cada tres años de servicio.

Art. 24. *Retribuciones complementarias.*—La cuantía y estructura de las retribuciones complementarias de los funcionarios se establecerán por las correspondientes leyes de cada Administración Pública atendiendo, entre otros, a los siguientes factores:

a) La progresión alcanzada por el funcionario den-

---

[98] Art. 24 de esta Ley.
[99] Art. 153.2 TRRL.
[100] Arts. 154 y 155 TRRL. Véanse la Ley 70/1978, de 26 de diciembre, sobre reconocimiento de servicios previos en la Administración Pública, y el Real Decreto 1.461/1982, de 25 de junio, que complementa a la anterior.

tro del sistema de carrera administrativa[101].

b)   La especial dificultad técnica, responsabilidad, dedicación, incompatibilidad exigible para el desempeño de determinados puestos de trabajo o las condiciones en que se desarrolla el trabajo.

c)   El grado de interés, iniciativa o esfuerzo con que el funcionario desempeña su trabajo y el rendimiento o resultados obtenidos.

d)   Los servicios extraordinarios prestados fuera de la jornada normal de trabajo.

Art. 25.   *Retribuciones de los funcionarios interinos*[102].— 1.   Los funcionarios interinos percibirán las retribuciones básicas y las pagas extraordinarias correspondientes al Subgrupo o Grupo de adscripción, en el supuesto de que este no tenga Subgrupo. Percibirán asimismo las retribuciones complementarias a que se refie-

ren los apartados b), c) y d) del artículo 24 y las correspondientes a la categoría de entrada en el cuerpo o escala en el que se le nombre.

2.   Se reconocerán los trienios correspondientes a los servicios prestados antes de la entrada en vigor del presente Estatuto que tendrán efectos retributivos únicamente a partir de la entrada en vigor del mismo[103].

Art. 26.   *Retribuciones de los funcionarios en prácticas*[104].—Las Administraciones Públicas determinarán las retribuciones de los funcionarios en prácticas que, como mínimo, se corresponderán a las del sueldo del Subgrupo o Grupo, en el supuesto de que este no tenga Subgrupo, en que aspiren a ingresar.

Art. 27.   *Retribuciones del personal laboral.*—Las retribuciones del personal laboral se determinarán de acuerdo

---

[101] Art. 16 de esta Ley.

[102] Art. 10 de esta Ley.

[103] Este apartado es la única disposición del capítulo que no queda supeditada a la entrada en vigor de las Leyes de Función Pública que se dicten en desarrollo del Estatuto Básico.

[104] Real Decreto 456/1986, de 10 de febrero, sobre retribuciones de los funcionarios en prácticas.

con la legislación laboral[105], el convenio colectivo que sea aplicable y el contrato de trabajo, respetando en todo caso lo establecido en el artículo 21 del presente Estatuto.

Art. 28. *Indemnizaciones*[106].—Los funcionarios percibirán las indemnizaciones correspondientes por razón del servicio.

Art. 29. *Retribuciones diferidas.*—Las Administraciones Públicas podrán destinar cantidades hasta el porcentaje de la masa salarial que se fije en las correspondientes Leyes de Presupuestos Generales del Estado a financiar aportaciones a planes de pensiones de empleo o contratos de seguro colectivos que incluyan la cobertura de la contingencia de jubilación, para el personal incluido en sus ámbitos, de acuerdo con lo establecido en la normativa reguladora de los Planes de Pensiones[107].

Las cantidades destinadas a financiar aportaciones a planes de pensiones o contratos de seguros tendrán a todos los efectos la consideración de retribución diferida.

Art. 30. *Deducción de retribuciones.*—1. Sin perjuicio de la sanción disciplinaria que pueda corresponder, la parte de jornada no realizada dará lugar a la deducción proporcional de haberes, que no tendrá carácter sancionador.

2. Quienes ejerciten el derecho de huelga[108] no devengarán ni percibirán las retribuciones correspondientes al tiempo en que hayan permanecido en esa situación sin que la deducción de haberes que se efectúe tenga carácter de sanción, ni afecte al régimen respectivo de sus prestaciones sociales.

---

[105] Arts. 26 ss. del Texto Refundido de la Ley del Estatuto de los Trabajadores, aprobado por Real Decreto Legislativo 2/2015, de 23 de octubre.

[106] Art. 157 TRRL. Véase Real Decreto 462/2002, de 24 de mayo, sobre indemnizaciones por razón del servicio, vigente en cuanto no se oponga a esta Ley.

[107] Texto Refundido de la Ley de regulación de los Planes y Fondos de Pensiones, aprobado por Real Decreto Legislativo 1/2002, de 29 de noviembre.

[108] Art. 28.2 CE y Real Decreto-ley 17/1977, de 4 de marzo, sobre relaciones de trabajo.

CAPÍTULO IV

DERECHO A LA NEGOCIACIÓN
COLECTIVA, REPRESENTACIÓN
Y PARTICIPACIÓN
INSTITUCIONAL.
DERECHO DE REUNIÓN

Art. 31. *Principios generales.*—1. Los empleados públicos tienen derecho a la negociación colectiva, representación y participación institucional para la determinación de sus condiciones de trabajo[109].

2. Por negociación colectiva, a los efectos de esta Ley, se entiende el derecho a negociar la determinación de condiciones de trabajo de los empleados de la Administración Pública.

3. Por representación, a los efectos de esta Ley, se entiende la facultad de elegir representantes y constituir órganos unitarios a través de los cuales se instrumente la interlocución entre las Admi-

nistraciones Públicas y sus empleados.

4. Por participación institucional, a los efectos de esta Ley, se entiende el derecho a participar, a través de las organizaciones sindicales, en los órganos de control y seguimiento de las entidades u organismos que legalmente se determine.

5. El ejercicio de los derechos establecidos en este artículo se garantiza y se lleva a cabo a través de los órganos y sistemas específicos regulados en el presente capítulo, sin perjuicio de otras formas de colaboración entre las Administraciones Públicas y sus empleados públicos o los representantes de estos.

6. Las organizaciones sindicales más representativas en el ámbito de la Función Pública están legitimadas para la interposición de recursos en vía administrativa y jurisdiccional contra las resoluciones de los órganos de selección[110].

---

[109] Arts. 1.°2.*k*) de esta Ley, 95 LRBRL y 37.1 CE; Ley Orgánica 11/1985, de 2 de agosto, de Libertad Sindical; Capítulo IV del Título III de esta Ley; arts. 95 LRBRL y 7.° de la Ley 9/1987, de 12 de junio, de órganos de representación, determinación de las condiciones de trabajo y participación del personal al servicio de las Administraciones Públicas. Véanse la Disp. Trans. 5.ª y la Disp. Derog. única, apartado *c*), de esta Ley.

[110] Arts. 112 y 121.1 LPAC y 19 de la Ley 29/1998, de 13 de julio, reguladora de la Jurisdicción Contencioso-administrativa.

7. El ejercicio de los derechos establecidos en este capítulo deberá respetar en todo caso el contenido del presente Estatuto y las leyes de desarrollo previstas en el mismo.

8. Los procedimientos para determinar condiciones de trabajo en las Administraciones Públicas tendrán en cuenta las previsiones establecidas en los convenios y acuerdos de carácter internacional ratificados por España.

Art. 32. *Negociación colectiva, representación y participación del personal laboral.*—1. La negociación colectiva, representación y participación de los empleados públicos con contrato laboral se regirá por la legislación laboral[111], sin perjuicio de los preceptos de este capítulo que expresamente les son de aplicación.

2. Se garantiza el cumplimiento de los convenios colectivos y acuerdos que afecten al personal laboral, salvo cuando excepcionalmente y por causa grave de interés público derivada de una alteración sustancial de las circunstancias económicas, los órganos de gobierno de las Administraciones Públicas suspendan o modifiquen el cumplimiento de convenios colectivos o acuerdos ya firmados en la medida estrictamente necesaria para salvaguardar el interés público.

En este supuesto, las Administraciones Públicas deberán informar a las organizaciones sindicales de las causas de la suspensión o modificación[112].

Art. 33. *Negociación colectiva.*—1. La negociación colectiva de condiciones de trabajo de los funcionarios públicos que estará sujeta a los principios de legalidad, cobertura presupuestaria, obligatoriedad, buena fe negocial, publicidad y transparencia, se efectuará mediante el ejercicio de la capacidad representativa reconocida a las organizaciones sindicales

---

[111] Arts. 82 a 92 del Texto Refundido de la Ley del Estatuto de los Trabajadores, aprobado por Real Decreto Legislativo 2/2015, de 23 de octubre.

[112] Véase la Disp. Adic. 2.ª del Real Decreto-ley 20/2012, de 13 de julio, de medidas para garantizar la estabilidad presupuestaria y de fomento de la competitividad.

en los artículos 6.3.*c*), 7.1 y 7.2 de la Ley Orgánica 11/1985, de 2 de agosto, de Libertad Sindical, y lo previsto en este capítulo.

A este efecto, se constituirán Mesas de Negociación en las que estarán legitimados para estar presentes, por una parte, los representantes de la Administración Pública correspondiente, y por otra, las organizaciones sindicales más representativas a nivel estatal, las organizaciones sindicales más representativas de comunidad autónoma, así como los sindicatos que hayan obtenido el 10 por 100 o más de los representantes en las elecciones para Delegados y Juntas de Personal, en las unidades electorales comprendidas en el ámbito específico de su constitución.

2. Las Administraciones Públicas podrán encargar el desarrollo de las actividades de negociación colectiva a órganos creados por ellas, de naturaleza estrictamente técnica, que ostentarán su representación en la negociación colectiva previas las instrucciones políticas correspon-

dientes y sin perjuicio de la ratificación de los acuerdos alcanzados por los órganos de gobierno o administrativos con competencia para ello.

Art. 34. *Mesas de Negociación*[113].—1. A los efectos de la negociación colectiva de los funcionarios públicos, se constituirá una Mesa General de Negociación en el ámbito de la Administración General del Estado, así como en cada una de las Comunidades Autónomas, ciudades de Ceuta y Melilla y Entidades Locales.

2. Se reconoce la legitimación negocial de las asociaciones de municipios, así como la de las Entidades Locales de ámbito supramunicipal. A tales efectos, los municipios podrán adherirse con carácter previo o de manera sucesiva a la negociación colectiva que se lleve a cabo en el ámbito correspondiente.

Asimismo, una Administración o Entidad Pública podrá adherirse a los acuerdos alcanzados dentro del territorio de cada comunidad autónoma, o a los acuerdos

---

[113] Arts. 35, 36 y 38 de esta Ley. Véase Disp. Adic. 12.ª de esta Ley.

alcanzados en un ámbito supramunicipal.

3. Son competencias propias de las Mesas Generales la negociación de las materias relacionadas con condiciones de trabajo comunes a los funcionarios de su ámbito.

4. Dependiendo de las Mesas Generales de Negociación y por acuerdo de las mismas podrán constituirse Mesas Sectoriales, en atención a las condiciones específicas de trabajo de las organizaciones administrativas afectadas o a las peculiaridades de sectores concretos de funcionarios públicos y a su número.

5. La competencia de las Mesas Sectoriales se extenderá a los temas comunes a los funcionarios del sector que no hayan sido objeto de decisión por parte de la Mesa General respectiva o a los que esta explícitamente les reenvíe o delegue.

6. El proceso de negociación se abrirá, en cada Mesa, en la fecha que, de común acuerdo, fijen la Administración correspondiente y la mayoría de la representación sindical. A falta de acuerdo, el proceso se iniciará en el plazo máximo de un mes desde que la mayoría de una de las partes legitimadas lo promueva, salvo que existan causas legales o pactadas que lo impidan.

7. Ambas partes estarán obligadas a negociar bajo el principio de la buena fe y proporcionarse mutuamente la información que precisen relativa a la negociación.

Art. 35. *Constitución y composición de las Mesas de Negociación.*—1. Las Mesas a que se refieren los artículos 34, 36.3 y disposición adicional duodécima de este Estatuto quedarán válidamente constituidas cuando, además de la representación de la Administración correspondiente, y sin perjuicio del derecho de todas las organizaciones sindicales legitimadas a participar en ellas en proporción a su representatividad, tales organizaciones sindicales representen, como mínimo, la mayoría absoluta de los miembros de los órganos unitarios de representación en el ámbito de que se trate.

2. Las variaciones en la representatividad sindical, a efectos de modificación en la

composición de las Mesas de Negociación, serán acreditadas por las organizaciones sindicales interesadas, mediante el correspondiente certificado de la Oficina Pública de Registro competente, cada dos años a partir de la fecha inicial de constitución de las citadas Mesas.

3.   La designación de los componentes de las Mesas corresponderá a las partes negociadoras que podrán contar con la asistencia en las deliberaciones de asesores, que intervendrán con voz, pero sin voto.

4.   En las normas de desarrollo del presente Estatuto se establecerá la composición numérica de las Mesas correspondientes a sus ámbitos, sin que ninguna de las partes pueda superar el número de quince miembros.

Art. 36.   *Mesas Generales de Negociación.*—1.   Se constituye una Mesa General de Negociación de las Administraciones Públicas. La representación de estas será unitaria, estará presidida por la Administración General del Estado y contará con representantes de las Comunidades Autónomas, de las ciudades de Ceuta y Melilla y de la Federación Española de Municipios y Provincias, en función de las materias a negociar.

La representación de las organizaciones sindicales legitimadas para estar presentes de acuerdo con lo dispuesto en los artículos 6 y 7 de la Ley Orgánica 11/1985, de 2 de agosto, de Libertad Sindical, se distribuirá en función de los resultados obtenidos en las elecciones a los órganos de representación del personal, Delegados de Personal, Juntas de Personal y Comités de Empresa, en el conjunto de las Administraciones Públicas.

2.   Serán materias objeto de negociación en esta Mesa las relacionadas en el artículo 37 de este Estatuto que resulten susceptibles de regulación estatal con carácter de norma básica, sin perjuicio de los acuerdos a que puedan llegar las comunidades autónomas en su correspondiente ámbito territorial en virtud de sus competencias exclusivas y compartidas en materia de Función Pública.

Será específicamente objeto de negociación en el ámbito de

la Mesa General de Negociación de las Administraciones Públicas el incremento global de las retribuciones del personal al servicio de las Administraciones Públicas que corresponda incluir en el Proyecto de Ley de Presupuestos Generales del Estado de cada año[114].

3. Para la negociación de todas aquellas materias y condiciones de trabajo comunes al personal funcionario, estatutario y laboral de cada Administración Pública, se constituirá en la Administración General del Estado, en cada una de las comunidades autónomas, ciudades de Ceuta y Melilla y entidades locales una Mesa General de Negociación.

Son de aplicación a estas Mesas Generales los criterios establecidos en el apartado anterior sobre representación de las organizaciones sindicales en la Mesa General de Negociación de las Administraciones Públicas, tomando en consideración en cada caso los resultados obtenidos en las elecciones a los órganos de representación del personal funcionario y laboral del correspondiente ámbito de representación.

Además, también estarán presentes en estas Mesas Generales, las organizaciones sindicales que formen parte de la Mesa General de Negociación de las Administraciones Públicas siempre que hubieran obtenido el 10 por 100 de los representantes a personal funcionario o personal laboral en el ámbito correspondiente a la Mesa de que se trate.

Art. 37. *Materias objeto de negociación.*—1. Serán objeto de negociación, en su ámbito respectivo y en relación con las competencias de cada Administración Pública y con el alcance que legalmente proceda en cada caso, las materias siguientes:

a) La aplicación del incremento de las retribuciones del personal al servicio de las Administraciones Públicas que se establezca en la Ley de Presupuestos Generales del Estado y de las comunidades autónomas[115].

b) La determinación y aplicación de las retribucio-

---

[114] Art. 21.2 de esta Ley.
[115] Arts. 21.2 y 36.2 de esta Ley.

nes complementarias de los funcionarios[116].

c)   Las normas que fijen los criterios generales en materia de acceso, carrera, provisión, sistemas de clasificación de puestos de trabajo, y planes e instrumentos de planificación de recursos humanos[117].

d)   Las normas que fijen los criterios y mecanismos generales en materia de evaluación del desempeño[118].

e)   Los planes de Previsión Social Complementaria.

f)   Los criterios generales de los planes y fondos para la formación y la promoción interna[119].

g)   Los criterios generales para la determinación de prestaciones sociales y pensiones de clases pasivas.

h)   Las propuestas sobre derechos sindicales y de participación[120].

i)   Los criterios generales de acción social.

j)   Las que así se establezcan en la normativa de prevención de riesgos laborales[121].

k)   Las que afecten a las condiciones de trabajo y a las retribuciones de los funcionarios, cuya regulación exija norma con rango de ley.

l)   Los criterios generales sobre ofertas de empleo público[122].

m)   Las referidas a calendario laboral, horarios, jornadas, vacaciones, permisos, movilidad funcional y geográfica, así como los criterios generales sobre la planificación estratégica de los recursos humanos, en aquellos aspectos que afecten a condiciones de trabajo de los empleados públicos.

2.   Quedan excluidas de la obligatoriedad de la negociación, las materias siguientes:

a)   Las decisiones de las Administraciones Públicas que afecten a sus potestades de organización.

---

[116] Art. 24 de esta Ley.

[117] Arts. 16, 55 a 62, 69 y 78 ss. de esta Ley.

[118] Art. 20 de esta Ley.

[119] Art. 14.*c*) y *g*), 16, 18, 19, 20.3, 37.1.*f*), 54.8, 61.1, 69, 73.3 y 89.4 de esta Ley; 33, 34 y 35 LFCE y 96 LRBRL.

[120] Capítulo IV del Título III de esta Ley.

[121] Véase la Ley 13/1995, de 8 de noviembre, de Prevención de Riesgos Laborales.

[122] Arts. 70 de esta Ley y 18.6 LMRFP.

Cuando las consecuencias de las decisiones de las Administraciones Públicas que afecten a sus potestades de organización tengan repercusión sobre condiciones de trabajo de los funcionarios públicos contempladas en el apartado anterior, procederá la negociación de dichas condiciones con las organizaciones sindicales a que se refiere este Estatuto[123].

b) La regulación del ejercicio de los derechos de los ciudadanos y de los usuarios de los servicios públicos, así como el procedimiento de formación de los actos y disposiciones administrativas.

c) La determinación de condiciones de trabajo del personal directivo[124].

d) Los poderes de dirección y control propios de la relación jerárquica.

e) La regulación y determinación concreta, en cada caso, de los sistemas, criterios, órganos y procedimientos de acceso al empleo público y la promoción profesional.

Art. 38. *Pactos y Acuerdos.*—1. En el seno de las Mesas de Negociación correspondientes, los representantes de las Administraciones Públicas podrán concertar Pactos y Acuerdos con la representación de las organizaciones sindicales legitimadas a tales efectos, para la determinación de condiciones de trabajo de los funcionarios de dichas Administraciones.

2. Los Pactos se celebrarán sobre materias que se correspondan estrictamente con el ámbito competencial del órgano administrativo que lo suscriba y se aplicarán directamente al personal del ámbito correspondiente.

3. Los Acuerdos versarán sobre materias competencia de los órganos de gobierno de las Administraciones Públicas. Para su validez y eficacia será necesaria su aprobación expresa y formal por estos órganos. Cuando tales Acuerdos hayan sido ratificados y afecten a temas que pueden ser decididos de forma definitiva por los órganos de gobierno, el contenido de los mismos

---

[123] Art. 33.1 de esta Ley.
[124] Art. 13.4 de esta Ley.

será directamente aplicable al personal incluido en su ámbito de aplicación, sin perjuicio de que a efectos formales se requiera la modificación o derogación, en su caso, de la normativa reglamentaria correspondiente.

Si los Acuerdos ratificados tratan sobre materias sometidas a reserva de ley que, en consecuencia, sólo pueden ser determinadas definitivamente por las Cortes Generales o las asambleas legislativas de las comunidades autónomas, su contenido carecerá de eficacia directa. No obstante, en este supuesto, el órgano de gobierno respectivo que tenga iniciativa legislativa procederá a la elaboración, aprobación y remisión a las Cortes Generales o asambleas legislativas de las comunidades autónomas del correspondiente proyecto de ley conforme al contenido del Acuerdo y en el plazo que se hubiera acordado.

Cuando exista falta de ratificación de un Acuerdo o, en su caso, una negativa expresa a incorporar lo acordado en el proyecto de ley correspondiente, se deberá iniciar la renegociación de las materias tratadas en el plazo de un mes, si así lo solicitara al menos la mayoría de una de las partes.

4. Los Pactos y Acuerdos deberán determinar las partes que los conciertan, el ámbito personal, funcional, territorial y temporal, así como la forma, plazo de preaviso y condiciones de denuncia de los mismos.

5. Se establecerán Comisiones Paritarias de seguimiento de los Pactos y Acuerdos con la composición y funciones que las partes determinen.

6. Los Pactos celebrados y los Acuerdos, una vez ratificados, deberán ser remitidos a la Oficina Pública que cada Administración competente determine y la Autoridad respectiva ordenará su publicación en el *Boletín Oficial* que corresponda en función del ámbito territorial.

7. En el supuesto de que no se produzca acuerdo en la negociación o en la renegociación prevista en el último párrafo del apartado 3 del presente artículo y una vez agotados, en su caso, los procedimientos de solución ex-

trajudicial de conflictos[125], corresponderá a los órganos de gobierno de las Administraciones Públicas establecer las condiciones de trabajo de los funcionarios con las excepciones contempladas en los apartados 11, 12 y 13 del presente artículo.

8.   Los Pactos y Acuerdos que, de conformidad con lo establecido en el artículo 37, contengan materias y condiciones generales de trabajo comunes al personal funcionario y laboral, tendrán la consideración y efectos previstos en este artículo para los funcionarios y en el artículo 83 del Estatuto de los Trabajadores para el personal laboral.

9.   Los Pactos y Acuerdos en sus respectivos ámbitos y en relación con las competencias de cada Administración Pública, podrán establecer la estructura de la negociación colectiva así como fijar las reglas que han de resolver los conflictos de concurrencia entre las negociaciones de distinto ámbito y los criterios de primacía y complementariedad entre las diferentes unidades negociadoras.

10.   Se garantiza el cumplimiento de los Pactos y Acuerdos, salvo cuando excepcionalmente y por causa grave de interés público derivada de una alteración sustancial de las circunstancias económicas, los órganos de gobierno de las Administraciones Públicas suspendan o modifiquen el cumplimiento de Pactos y Acuerdos ya firmados, en la medida estrictamente necesaria para salvaguardar el interés público.

En este supuesto, las Administraciones Públicas deberán informar a las organizaciones sindicales de las causas de la suspensión o modificación[126].

11.   Salvo acuerdo en contrario, los Pactos y Acuerdos se prorrogarán de año en año si no mediara denuncia expresa de una de las partes.

12.   La vigencia del contenido de los Pactos y Acuerdos una vez concluida su duración, se producirá en los

---

[125] Art. 45 de esta Ley.
[126] Véase Disp. Adic. 2.ª del Real Decreto-ley 20/2012, de 13 de julio, de medidas para garantizar la estabilidad presupuestaria y de fomento de la competitividad.

términos que los mismos hubieren establecido.

13.   Los Pactos y Acuerdos que sucedan a otros anteriores los derogan en su integridad, salvo los aspectos que expresamente se acuerde mantener.

Art. 39.   *Órganos de representación*[127].—1.   Los órganos específicos de representación de los funcionarios son los Delegados de Personal y las Juntas de Personal.

2.   En las unidades electorales donde el número de funcionarios sea igual o superior a seis e inferior a cincuenta, su representación corresponderá a los Delegados de Personal. Hasta treinta funcionarios se elegirá un Delegado, y de treinta y uno a cuarenta y nueve se elegirán tres, que ejercerán su representación conjunta y mancomunadamente.

3.   Las Juntas de Personal se constituirán en unidades electorales que cuenten con un censo mínimo de cincuenta funcionarios.

4.   El establecimiento de las unidades electorales se regulará por el Estado y por cada Comunidad Autónoma dentro del ámbito de sus competencias legislativas. Previo acuerdo con las Organizaciones Sindicales legitimadas en los artículos 6 y 7 de la Ley Orgánica 11/1985, de 2 de agosto, de Libertad Sindical, los órganos de gobierno de las Administraciones Públicas podrán modificar o establecer unidades electorales en razón del número y peculiaridades de sus colectivos, adecuando la configuración de las mismas a las estructuras administrativas o a los ámbitos de negociación constituidos o que se constituyan.

5.   Cada Junta de Personal se compone de un número de representantes, en función del número de funcionarios de la Unidad electoral correspondiente, de acuerdo con la siguiente escala, en coherencia con lo establecido en el Estatuto de los Trabajadores:
— De 50 a 100 funcionarios: cinco.
— De 101 a 250 funcionarios: nueve.

---

[127] Art. 7.º de la Ley 9/1987, de 12 de junio, de órganos de representación, determinación de las condiciones de trabajo y participación del personal al servicio de las Administraciones Públicas. Véanse la Disp. Trans. 5.ª y la Disp. Derog. única, apartado c), de esta Ley.

— De 251 a 500 funcionarios: trece.

— De 501 a 750 funcionarios: diecisiete.

— De 751 a 1.000 funcionarios: veintiuno.

— De 1.001 en adelante, dos por cada 1.000 o fracción, con el máximo de setenta y cinco.

6. Las Juntas de Personal elegirán de entre sus miembros un Presidente y un Secretario y elaborarán su propio reglamento de procedimiento, que no podrá contravenir lo dispuesto en el presente Estatuto y legislación de desarrollo, remitiendo copia del mismo y de sus modificaciones al órgano u órganos competentes en materia de personal que cada Administración determine. El reglamento y sus modificaciones deberán ser aprobados por los votos favorables de, al menos, dos tercios de sus miembros.

Art. 40. *Funciones y legitimación de los órganos de representación.*—1. Las Juntas de Personal y los Delegados de Personal, en su caso, tendrán las siguientes funciones, en sus respectivos ámbitos:

a) Recibir información, sobre la política de personal, así como sobre los datos referentes a la evolución de las retribuciones, evolución probable del empleo en el ámbito correspondiente y programas de mejora del rendimiento.

b) Emitir informe, a solicitud de la Administración Pública correspondiente, sobre el traslado total o parcial de las instalaciones e implantación o revisión de sus sistemas de organización y métodos de trabajo.

c) Ser informados de todas las sanciones impuestas por faltas muy graves.

d) Tener conocimiento y ser oídos en el establecimiento de la jornada laboral y horario de trabajo, así como en el régimen de vacaciones y permisos.

e) Vigilar el cumplimiento de las normas vigentes en materia de condiciones de trabajo, prevención de riesgos laborales, Seguridad Social y empleo y ejercer, en su caso, las acciones legales oportunas ante los organismos competentes.

f) Colaborar con la Administración correspondiente para conseguir el establecimiento de cuantas medidas procuren el mantenimiento e incremento de la productividad.

2. Las Juntas de Personal, colegiadamente, por decisión mayoritaria de sus miembros y, en su caso, los Delegados de Personal, mancomunadamente, estarán legitimados para iniciar, como interesados, los correspondientes procedimientos administrativos y ejercitar las acciones en vía administrativa o judicial en todo lo relativo al ámbito de sus funciones.

Art. 41. *Garantías de la función representativa del personal.*—1. Los miembros de las Juntas de Personal y los Delegados de Personal, en su caso, como representantes legales de los funcionarios, dispondrán en el ejercicio de su función representativa de las siguientes garantías y derechos:

a) El acceso y libre circulación por las dependencias de su unidad electoral, sin que se entorpezca el normal funcionamiento de las correspondientes unidades administrativas, dentro de los horarios habituales de trabajo y con excepción de las zonas que se reserven de conformidad con lo dispuesto en la legislación vigente.

b) La distribución libre de las publicaciones que se refieran a cuestiones profesionales y sindicales.

c) La audiencia en los expedientes disciplinarios a que pudieran ser sometidos sus miembros durante el tiempo de su mandato y durante el año inmediatamente posterior, sin perjuicio de la audiencia al interesado regulada en el procedimiento sancionador.

d) Un crédito de horas mensuales dentro de la jornada de trabajo y retribuidas como de trabajo efectivo, de acuerdo con la siguiente escala:

— Hasta 100 funcionarios: quince.

— De 101 a 250 funcionarios: veinte.

— De 251 a 500 funcionarios: treinta.

— De 501 a 750 funcionarios: treinta y cinco.

— De 751 en adelante: cuarenta.

Los miembros de la Junta de Personal y Delegados de Personal de la misma candidatura que así lo manifiesten podrán proceder, previa comunicación al órgano que ostente la Jefatura de Personal ante la que aquella ejerza su representación, a la acumulación de los créditos horarios.

e) No ser trasladados ni sancionados por causas relacionadas con el ejercicio de su mandato representativo, ni durante la vigencia del mismo, ni en el año siguiente a su extinción, exceptuando la extinción que tenga lugar por revocación o dimisión.

2. Los miembros de las Juntas de Personal y los Delegados de Personal no podrán ser discriminados en su formación ni en su promoción económica o profesional por razón del desempeño de su representación.

3. Cada uno de los miembros de la Junta de Personal y esta como órgano colegiado, así como los Delegados de Personal, en su caso, observarán sigilo profesional en todo lo referente a los asuntos en que la Administración señale expresamente el carácter reservado, aun después de expirar su mandato. En todo caso, ningún documento reservado entregado por la Administración podrá

ser utilizado fuera del estricto ámbito de la Administración para fines distintos de los que motivaron su entrega.

Art. 42. *Duración de la representación.*—El mandato de los miembros de las Juntas de Personal y de los Delegados de Personal, en su caso, será de cuatro años, pudiendo ser reelegidos. El mandato se entenderá prorrogado si, a su término, no se hubiesen promovido nuevas elecciones, sin que los representantes con mandato prorrogado se contabilicen a efectos de determinar la capacidad representativa de los Sindicatos.

Art. 43. *Promoción de elecciones a Delegados y Juntas de Personal*[128].—1. Podrán promover la celebración de elecciones a Delegados y Juntas de Personal, conforme a lo previsto en el presente Estatuto y en los artículos 6 y 7 de la Ley Orgánica 11/1985, de 2 de agosto, de Libertad Sindical:

---

[128] Arts. 6.º y 7.º de la Ley Orgánica 11/1985, de 2 de agosto, de Libertad Sindical. Véase el Real Decreto 1.846/1994, de 9 de septiembre, por el que se aprueba el Reglamento de elecciones a los órganos de representación del personal al servicio de la Administración General del Estado, vigente en cuanto no se oponga a esta Ley. Vid. Disp. Trans. 5.ª y la Disp. Derog. única, apartado *c*), de esta Ley.

a)   Los Sindicatos más representativos a nivel estatal.

b)   Los sindicatos más representativos a nivel de comunidad autónoma, cuando la unidad electoral afectada esté ubicada en su ámbito geográfico.

c)   Los sindicatos que, sin ser más representativos, hayan conseguido al menos el 10 por 100 de los representantes a los que se refiere este Estatuto en el conjunto de las Administraciones Públicas.

d)   Los sindicatos que hayan obtenido al menos un porcentaje del 10 por 100 en la unidad electoral en la que se pretende promover las elecciones.

e)   Los funcionarios de la unidad electoral, por acuerdo mayoritario.

2.   Los legitimados para promover elecciones tendrán, a este efecto, derecho a que la Administración Pública correspondiente les suministre el censo de personal de las unidades electorales afectadas, distribuido por organismos o centros de trabajo.

Art. 44. *Procedimiento electoral*[129].—El procedimiento para la elección de las Juntas de Personal y para la elección de Delegados de Personal se determinará reglamentariamente teniendo en cuenta los siguientes criterios generales:

a)   La elección se realizará mediante sufragio personal, directo, libre y secreto que podrá emitirse por correo o por otros medios telemáticos.

b)   Serán electores y elegibles los funcionarios que se encuentren en la situación de servicio activo. No tendrán la consideración de electores ni elegibles los funcionarios que ocupen puestos cuyo nombramiento se efectúe a través de real decreto o por decreto de los consejos de gobierno de las comunidades autónomas y de las ciudades de Ceuta y Melilla.

c)   Podrán presentar candidaturas las organizaciones sindicales legalmente constituidas o las coaliciones de estas, y los grupos de electores de una misma unidad electo-

---

[129] Véase la nota al art. 43 en lo referente al Real Decreto 1.846/1994, de 9 de septiembre.

ral, siempre que el número de ellos sea equivalente, al menos, al triple de los miembros a elegir.

d) Las Juntas de Personal se elegirán mediante listas cerradas a través de un sistema proporcional corregido, y los Delegados de Personal mediante listas abiertas y sistema mayoritario.

e) Los órganos electorales serán las Mesas Electorales que se constituyan para la dirección y desarrollo del procedimiento electoral y las oficinas públicas permanentes para el cómputo y certificación de resultados reguladas en la normativa laboral.

f) Las impugnaciones se tramitarán conforme a un procedimiento arbitral, excepto las reclamaciones contra las denegaciones de inscripción de actas electorales que podrán plantearse directamente ante la jurisdicción social.

Art. 45. *Solución extrajudicial de conflictos colectivos*[130].—1. Con independencia de las atribuciones fijadas por las partes a las comisiones paritarias previstas en el artículo 38.5 para el conocimiento y resolución de los conflictos derivados de la aplicación e interpretación de los Pactos y Acuerdos, las Administraciones Públicas y las organizaciones sindicales a que se refiere el presente capítulo podrán acordar la creación, configuración y desarrollo de sistemas de solución extrajudicial de conflictos colectivos.

2. Los conflictos a que se refiere el apartado anterior podrán ser los derivados de la negociación, aplicación e interpretación de los Pactos y Acuerdos sobre las materias señaladas en el artículo 37, excepto para aquellas en que exista reserva de ley.

3. Los sistemas podrán estar integrados por procedimientos de mediación y arbitraje. La mediación será obligatoria cuando lo solicite una de las partes y las propuestas de solución que ofrezcan el mediador o mediadores podrán ser libremente aceptadas o rechazadas por las mismas.

---

[130] Art. 37.2 CE y Real Decreto-ley 17/1977, de 4 de marzo, sobre relaciones de trabajo.

Mediante el procedimiento de arbitraje las partes podrán acordar voluntariamente encomendar a un tercero la resolución del conflicto planteado, comprometiéndose de antemano a aceptar el contenido de la misma.

4. El acuerdo logrado a través de la mediación o de la resolución de arbitraje tendrá la misma eficacia jurídica y tramitación de los Pactos y Acuerdos regulados en el presente Estatuto, siempre que quienes hubieran adoptado el acuerdo o suscrito el compromiso arbitral tuviesen la legitimación que les permita acordar, en el ámbito del conflicto, un Pacto o Acuerdo conforme a lo previsto en este Estatuto.

Estos acuerdos serán susceptibles de impugnación. Específicamente cabrá recurso contra la resolución arbitral en el caso de que no se hubiesen observado en el desarrollo de la actuación arbitral los requisitos y formalidades establecidos al efecto o cuando la resolución hubiese versado sobre puntos no sometidos a su decisión, o que esta contradiga la legalidad vigente.

5. La utilización de estos sistemas se efectuará conforme a los procedimientos que reglamentariamente se determinen previo acuerdo con las organizaciones sindicales representativas.

Art. 46. *Derecho de reunión*[131].—1. Están legitimados para convocar una reunión, además de las organizaciones sindicales, directamente o a través de los Delegados Sindicales:

a) Los Delegados de Personal.

b) Las Juntas de Personal.

c) Los Comités de Empresa.

d) Los empleados públicos de las Administraciones respectivas en número no inferior al 40 por 100 del colectivo convocado.

2. Las reuniones en el centro de trabajo se autorizarán fuera de las horas de trabajo, salvo acuerdo entre el órgano competente en materia de personal y quienes estén legitimados para convocarlas.

---

[131] Arts. 15.*e)* y 21 CE. Véase la Ley Orgánica 9/1983, de 15 de julio, reguladora del Derecho de Reunión.

La celebración de la reunión no perjudicará la prestación de los servicios y los convocantes de la misma serán responsables de su normal desarrollo.

CAPÍTULO V

Derecho a la jornada de trabajo, permisos y vacaciones

Art. 47. *Jornada de trabajo de los funcionarios públicos*[132].—1. Las Administraciones Públicas establecerán la jornada general y las especiales de trabajo de sus funcionarios públicos. La jornada de trabajo podrá ser a tiempo completo o a tiempo parcial.

2. Las Administraciones Públicas adoptarán medidas de flexibilización horaria para garantizar la conciliación de la vida familiar y laboral de los empleados públicos que tengan a su cargo a hijos e hijas menores de doce años, así como de los empleados públicos que tengan necesidades de cuidado respecto de los hijos e hijas mayores de doce años, el cónyuge o pareja de hecho, familiares por consanguinidad hasta el segundo grado, así como de otras personas que convivan en el mismo domicilio, y que por razones de edad, accidente o enfermedad no puedan valerse por sí mismos.

Art. 47 bis. *Teletrabajo.*—1. Se considera teletrabajo aquella modalidad de prestación de servicios a distancia en la que el contenido competencial del puesto de trabajo puede desarrollarse, siempre que las necesidades del servicio lo permitan, fuera de las dependencias de la Administración, mediante el uso de tecnologías de la información y comunicación.

---

[132] Resolución de 28 de febrero de 2019, de la Secretaría de Estado de Función Pública, por la que se dictan instrucciones sobre jornada y horarios de trabajo del personal al servicio de la Administración General del Estado y sus Organismos Públicos. Véanse los arts. 30.4 LMRFP, 94 LRBRL, 144 TRRL y 14 del Real Decreto 598/1985, de 30 de abril, sobre incompatibilidades del personal al servicio del Estado, de la Seguridad Social y de los entes, organismos y empresas dependientes.

2. La prestación del servicio mediante teletrabajo habrá de ser expresamente autorizada y será compatible con la modalidad presencial. En todo caso, tendrá carácter voluntario y reversible salvo en supuestos excepcionales debidamente justificados. Se realizará en los términos de las normas que se dicten en desarrollo de este Estatuto, que serán objeto de negociación colectiva en el ámbito correspondiente y contemplarán criterios objetivos en el acceso a esta modalidad de prestación de servicio.

El teletrabajo deberá contribuir a una mejor organización del trabajo a través de la identificación de objetivos y la evaluación de su cumplimiento.

3. El personal que preste sus servicios mediante teletrabajo tendrá los mismos deberes y derechos, individuales y colectivos, recogidos en el presente Estatuto que el resto del personal que preste sus servicios en modalidad presencial, incluyendo

la normativa de prevención de riesgos laborales que resulte aplicable, salvo aquellos que sean inherentes a la realización de la prestación del servicio de manera presencial.

4. La Administración proporcionará y mantendrá a las personas que trabajen en esta modalidad, los medios tecnológicos necesarios para su actividad.

5. El personal laboral al servicio de las Administraciones Públicas se regirá, en materia de teletrabajo, por lo previsto en el presente Estatuto y por sus normas de desarrollo.

Art. 48. *Permisos de los funcionarios públicos*[133].— Los funcionarios públicos tendrán los siguientes permisos:

a) Por accidente o enfermedad graves, hospitalización o intervención quirúrgica sin hospitalización que precise de reposo domiciliario del cónyuge, pareja de hecho o parientes hasta el primer grado por consanguini-

---

[133] Arts. 72, 73, 74 y 75 LFCE; 30.1, 2 y 4 LMRFP; 14.*m*) y 37.1.*m*) de esta Ley y 142 TRRL.

dad o afinidad, así como de cualquier otra persona distinta de las anteriores que conviva con el funcionario o funcionaria en el mismo domicilio y que requiera el cuidado efectivo de aquella, cinco días hábiles.

Cuando se trate de accidente o enfermedad graves, hospitalización o intervención quirúrgica sin hospitalización que precise de reposo domiciliario, de un familiar dentro del segundo grado de consanguinidad o afinidad, el permiso será de cuatro días hábiles.

Cuando se trate de fallecimiento del cónyuge, pareja de hecho o familiar dentro del primer grado de consanguinidad o afinidad, tres días hábiles cuando el suceso se produzca en la misma localidad, y cinco días hábiles, cuando sea en distinta localidad. En el caso de fallecimiento de familiar dentro del segundo grado de consanguinidad o afinidad, el permiso será de dos días hábiles cuando se produzca en la misma localidad y de cuatro días hábiles cuando sea en distinta localidad.

b) Por traslado de domicilio sin cambio de residencia, un día.

c) Para realizar funciones sindicales o de representación del personal, en los términos que se determine.

d) Para concurrir a exámenes finales y demás pruebas definitivas de aptitud, durante los días de su celebración.

e) Por el tiempo indispensable para la realización de exámenes prenatales y técnicas de preparación al parto por las funcionarias embarazadas y, en los casos de adopción o acogimiento, o guarda con fines de adopción, para la asistencia a las preceptivas sesiones de información y preparación y para la realización de los preceptivos informes psicológicos y sociales previos a la declaración de idoneidad, que deban realizarse dentro de la jornada de trabajo.

A efectos de lo dispuesto en este apartado, el término de funcionarias embarazadas incluye también a las personas funcionarias trans gestantes.

f) Por lactancia de un hijo menor de doce meses tendrán derecho a una hora de ausencia del trabajo que podrá dividir en dos fracciones. Este derecho podrá sustituirse por una reducción de la jornada normal en media hora al inicio y al final de la jornada, o en una hora al inicio o al final de la jornada, con la misma finalidad.

El permiso contemplado en este apartado constituye un derecho individual de los funcionarios, sin que pueda transferirse su ejercicio al otro progenitor, adoptante, guardador o acogedor.

Se podrá solicitar la sustitución del tiempo de lactancia por un permiso retribuido que acumule en jornadas completas el tiempo correspondiente. Esta modalidad se podrá disfrutar únicamente a partir de la finalización del permiso por nacimiento, adopción, guarda, acogimiento o del progenitor diferente de la madre biológica respectivo.

Este permiso se incrementará proporcionalmente en los casos de parto, adopción, guarda con fines de adopción o acogimiento múltiple.

g)   Por nacimiento de hijos prematuros o que por cualquier otra causa deban permanecer hospitalizados a continuación del parto, la funcionaria o el funcionario tendrá derecho a ausentarse del trabajo durante un máximo de dos horas diarias percibiendo las retribuciones íntegras.

Asimismo, tendrán derecho a reducir su jornada de trabajo hasta un máximo de dos horas, con la disminución proporcional de sus retribuciones.

h)   Por razones de guarda legal, cuando el funcionario tenga el cuidado directo de algún menor de doce años, de persona mayor que requiera especial dedicación, o de una persona con discapacidad que no desempeñe actividad retribuida, tendrá derecho a la reducción de su jornada de trabajo, con la disminución de sus retribuciones que corresponda.

Tendrá el mismo derecho el funcionario que precise encargarse del cuidado directo de un familiar, hasta el segundo grado de consanguinidad o afinidad, que por razones de edad, accidente o enfermedad no pueda valerse por sí mismo y que no desempeñe actividad retribuida.

i)   Por ser preciso atender el cuidado de un familiar de primer grado, el funcionario tendrá derecho a solicitar una reducción de hasta el 50 por

100 de la jornada laboral, con carácter retribuido, por razones de enfermedad muy grave y por el plazo máximo de un mes.

Si hubiera más de un titular de este derecho por el mismo hecho causante, el tiempo de disfrute de esta reducción se podrá prorratear entre los mismos, respetando en todo caso, el plazo máximo de un mes.

j) Por tiempo indispensable para el cumplimiento de un deber inexcusable de carácter público o personal y por deberes relacionados con la conciliación de la vida familiar y laboral.

k) Por asuntos particulares, seis días al año.

l) Por matrimonio o registro o constitución formalizada por documento público de pareja de hecho, quince días.

Art. 49. *Permisos por motivos de conciliación de la vida personal, familiar y laboral, por razón de violencia de género[134] y para las víctimas de terrorismo y sus familiares directos.*—En todo caso se concederán los siguientes permisos con las correspondientes condiciones mínimas:

a) Permiso por nacimiento para la madre biológica: tendrá una duración de dieciséis semanas, de las cuales las seis semanas inmediatas posteriores al parto serán en todo caso de descanso obligatorio e ininterrumpidas. Este permiso se ampliará en dos semanas más en el supuesto de discapacidad del hijo o hija y, por cada hijo o hija a partir del segundo en los supuestos de parto múltiple, una para cada uno de los progenitores.

No obstante, en caso de fallecimiento de la madre, el otro progenitor podrá hacer uso de la totalidad o, en su caso, de la parte que reste de permiso.

En el caso de que ambos progenitores trabajen y transcurridas las seis primeras semanas de descanso obligatorio, el período de disfrute de este permiso podrá llevarse a cabo a voluntad de aquellos, de manera interrumpida y ejercitarse desde la finalización del descanso obligatorio

---

[134] Arts. 14.*j*), 82 y 89.1.*d*) y 5 de esta Ley y 25 de la Ley Orgánica 1/2004, de 28 de diciembre, de Medidas de Protección Integral contra la Violencia de Género.

ESTATUTO BÁSICO DEL EMPLEADO PÚBLICO 88

posterior al parto hasta que el hijo o la hija cumpla doce meses. En el caso del disfrute interrumpido se requerirá, para cada período de disfrute, un preaviso de al menos quince días y se realizará por semanas completas.

Este permiso podrá disfrutarse a jornada completa o a tiempo parcial, cuando las necesidades del servicio lo permitan, y en los términos que reglamentariamente se determinen, conforme a las reglas establecidas en el presente artículo.

En los casos de parto prematuro y en aquellos en que, por cualquier otra causa, el neonato deba permanecer hospitalizado a continuación del parto, este permiso se ampliará en tantos días como el neonato se encuentre hospitalizado, con un máximo de trece semanas adicionales.

En el supuesto de fallecimiento del hijo o hija, el período de duración del permiso no se verá reducido, salvo que, una vez finalizadas las seis semanas de descanso obligatorio, se solicite la reincorporación al puesto de trabajo.

Durante el disfrute de este permiso, una vez finalizado el período de descanso obligatorio, se podrá participar en los cursos de formación que convoque la Administración.

A efectos de lo dispuesto en este apartado, el término de madre biológica incluye también a las personas trans gestantes.

b) Permiso por adopción, por guarda con fines de adopción, o acogimiento, tanto temporal como permanente: tendrá una duración de dieciséis semanas. Seis semanas deberán disfrutarse a jornada completa de forma obligatoria e ininterrumpida inmediatamente después de la resolución judicial por la que se constituye la adopción o bien de la decisión administrativa de guarda con fines de adopción o de acogimiento.

En el caso de que ambos progenitores trabajen y transcurridas las seis primeras semanas de descanso obligatorio, el período de disfrute de este permiso podrá llevarse a cabo de manera interrumpida y ejercitarse desde la finalización del descanso obligatorio posterior al hecho causante dentro de los doce meses a contar o bien desde el nacimiento del hijo o hija, o bien desde la resolución judicial por la que se constituye la adopción o bien de la decisión administrativa de guarda con fines de adopción o de acogimiento. En el caso del disfrute interrumpido se requerirá, para cada período de disfrute, un preaviso de al menos quince días y se realizará por semanas completas.

Este permiso se ampliará en dos semanas más en el supuesto de discapacidad del menor adoptado o acogido y por cada hijo o hija, a partir del segundo, en los supuestos de adopción, guarda con fines de adopción o acogimiento múltiple, una para cada uno de los progenitores.

El cómputo del plazo se contará a elección del progenitor, a partir de la decisión administrativa de guarda con fines de adopción o acogimiento, o a partir de la resolución judicial por la que se constituya la adopción sin que en ningún caso un mismo menor pueda dar derecho a varios períodos de disfrute de este permiso.

Este permiso podrá disfrutarse a jornada completa o a tiempo parcial, cuando las necesidades de servicio lo permitan, y en los términos que reglamentariamente se determine, conforme a las reglas establecidas en el presente artículo.

Si fuera necesario el desplazamiento previo de los progenitores al país de origen del adoptado, en los casos de adopción o acogimiento internacional, se tendrá derecho, además, a un permiso de hasta dos meses de duración, percibiendo durante este período exclusivamente las retribuciones básicas.

Con independencia del permiso de hasta dos meses previsto en el párrafo anterior y para el supuesto contemplado en dicho párrafo, el permiso por adopción, guarda con fines de adopción o acogimiento, tanto temporal como permanente, podrá iniciarse hasta cuatro semanas antes de la resolución judicial por la que se constituya la adopción o la decisión administrativa o judicial de acogimiento.

Durante el disfrute de este permiso se podrá participar en los cursos de formación que convoque la Administración.

Los supuestos de adopción, guarda con fines de adopción o acogimiento, tanto temporal como permanente, previstos en este artículo serán los que así se establezcan en el Código Civil o en las leyes civiles de las Comunidades Autónomas que los regulen, debiendo tener el acogimiento temporal una duración no inferior a un año.

c) Permiso del progenitor diferente de la madre biológica por nacimiento, guarda con fines de adopción, acogimiento o adopción de un hijo o hija: tendrá una duración de dieciséis semanas de las cuales las seis semanas inmediatas posteriores al hecho causante serán en todo caso de descanso obligatorio. Este permiso se ampliará en dos semanas más, una para cada uno de los progenitores, en el supuesto de discapacidad del hijo o hija, y por cada hijo o hija a partir del segundo en los supuestos de nacimiento, adopción, guarda con fines de adopción o acogimiento múltiples, a disfrutar a partir de la fecha del nacimiento, de la decisión administrativa de guarda con fines de adopción o acogimiento, o de la resolución judicial por la que se constituya la adopción.

Este permiso podrá distribuirse por el progenitor que vaya a disfrutar del mismo siempre que las seis primeras semanas sean ininterrumpidas e inmediatamente posteriores a la fecha del nacimiento, de la decisión judicial de guarda con fines de adopción o acogimiento o decisión judicial por la que se constituya la adopción.

En el caso de que ambos progenitores trabajen y transcurridas las seis primeras semanas, el período de disfrute de este permiso podrá llevarse a cabo de manera interrumpida dentro de los doce meses a contar o bien desde el nacimiento del hijo o hija, o bien desde la resolución judicial por la que se constituye la adopción o bien de la decisión administrativa de guarda con fines de adopción o de acogimiento. En el caso del disfrute interrumpido se requerirá, para cada período de disfrute, un preaviso de al menos quince días y se realizará por semanas completas.

En el caso de que se optara por el disfrute del presente permiso con posterioridad a la semana dieciséis del permiso por nacimiento, si el progenitor que disfruta de este último permiso hubiere solicitado la acumulación del tiempo de lactancia de un hijo menor de doce meses en jornadas completas del apartado f) del artículo 48, será a la finalización de ese período cuando se dará inicio al cómputo de las diez semanas restantes del permiso del progenitor diferente de la madre biológica.

Este permiso podrá disfrutarse a jornada completa o a tiempo parcial, cuando las necesidades del servicio lo permitan, y en los términos que reglamentariamente se determinen, conforme a las reglas establecidas en el presente artículo.

En los casos de parto prematuro y en aquellos en que, por cualquier otra causa, el neonato deba permanecer hospitalizado a continuación del parto, este permiso se ampliará en tantos días como el neonato se encuentre hospitalizado, con un máximo de trece semanas adicionales.

En el supuesto de fallecimiento del hijo o hija, el período de duración del permiso no se verá reducido, salvo que, una vez finalizadas las seis semanas de descanso obligatorio se solicite la reincorporación al puesto de trabajo.

Durante el disfrute de este permiso, transcurridas las seis primeras semanas ininterrumpidas e inmediatamente posteriores a la fecha del nacimiento, se podrá participar en los cursos de formación que convoque la Administración.

En los casos previstos en los apartados a), b), y c) el tiempo transcurrido durante el disfrute de estos permisos se computará como de servicio efectivo a todos los efectos, garantizándose la plenitud de derechos económicos de la funcionaria y, en su caso, del otro progenitor funcionario, durante todo el periodo de duración del permiso, y, en su caso, durante los periodos posteriores al disfrute de este, si de acuerdo con la normativa aplicable, el derecho a percibir algún concepto retributivo se determina en función del periodo de disfrute del permiso.

Los funcionarios que hayan hecho uso del permiso por nacimiento, adopción, guarda con fines de adopción o acogimiento, tanto temporal como permanente, tendrán derecho, una vez finalizado el periodo de permiso, a reintegrarse a su puesto de trabajo en términos y condiciones que no les resulten menos favorables al disfrute del permiso, así como a beneficiarse de cualquier mejora en las condiciones de trabajo a las que hubieran podido tener derecho durante su ausencia.

A efectos de lo dispuesto en este apartado, el término de madre biológica incluye también a las personas trans gestantes.

d) Permiso por razón de violencia de género sobre la mujer funcionaria: las faltas de asistencia de las funcionarias víctimas de violencia de género, totales o parciales, tendrán la consideración de justificadas por el tiempo y en las condiciones en que así lo determinen los servicios sociales de atención o de salud según proceda.

Asimismo, las funcionarias víctimas de violencia sobre la mujer, para hacer efectiva su protección o su derecho de asistencia social integral, tendrán derecho a la reducción de la jornada con disminución proporcional de la retribución, o la reordenación del tiempo de trabajo, a través de la adaptación del horario, de la aplicación del horario flexible o de otras formas de ordenación del tiempo de trabajo que sean aplicables, en los términos que para estos supuestos establezca el plan de igualdad de aplicación o, en su defecto, la Administración pública competente en cada caso.

En el supuesto enunciado en el párrafo anterior, la funcionaria pública mantendrá sus retribuciones íntegras cuando reduzca su jornada en un tercio o menos.

e)[135] Permiso por cuidado de hijo menor, afectado por cáncer u otra enfermedad grave: el funcionario tendrá derecho, siempre que ambas personas progenitoras, adoptantes, guardadoras con fines de adopción o acogedoras de carácter permanente trabajen, a una reducción de la jornada de trabajo de al menos la mitad de la duración de aquella, percibiendo las retribuciones íntegras con cargo a los pre-

---

[135] Apartado *e)* del artículo 49 modificado por la Disp. Final 26.ª de la Ley 22/2021, de 28 de diciembre. Redactado conforme a la corrección de errores publicada en *BOE* n.º 125, de 26 de mayo de 2022.

supuestos del órgano o entidad donde venga prestando sus servicios, para el cuidado, durante la hospitalización y tratamiento continuado, del hijo o hija menor de edad, afectado por cáncer (tumores malignos, melanomas o carcinomas) o por cualquier otra enfermedad grave que implique un ingreso hospitalario de larga duración y requiera la necesidad de su cuidado directo, continuo y permanente acreditado por el informe del servicio público de salud u órgano administrativo sanitario de la comunidad autónoma o, en su caso, de la entidad sanitaria concertada correspondiente y, como máximo, hasta que el hijo o persona que hubiere sido objeto de acogimiento permanente o guarda con fines de adopción cumpla los 23 años. A estos efectos, el mero cumplimiento de los 18 años del hijo o del menor sujeto a acogimiento permanente o a guarda con fines de adopción, no ser causa de extinción de la reducción de la jornada, si se mantiene la necesidad de cuidado directo, continuo y permanente.

No obstante, cumplidos los 18 años, se podrá reconocer el derecho a la reducción de jornada hasta que la persona a su cargo cumpla los 23 años en los supuestos en que el padecimiento del cáncer o enfermedad grave haya sido diagnosticado antes de alcanzar la mayoría de edad, siempre que en el momento de la solicitud se acrediten los requisitos establecidos en los párrafos anteriores, salvo la edad.

Asimismo, se mantendrá el derecho a esta reducción de jornada hasta que la persona a su cargo cumpla 26 años si, antes de alcanzar los 23 años, acreditara, además, un grado de discapacidad igual o superior al 65 por ciento[136].

Cuando concurran en ambas personas progenitoras, adoptantes, guardadoras con fines de adopción o acogedoras de carácter permanente, por el mismo sujeto y hecho causante, las circunstancias necesarias para tener derecho a este permiso o, en su caso, puedan tener la condición de

---

[136] Véase la disposición transitoria 5 del Real Decreto-ley 2/2023, de 16 de marzo.

beneficiarias de la prestación establecida para este fin en el Régimen de la Seguridad Social que les sea de aplicación, el funcionario o funcionaria tendrá derecho a la percepción de las retribuciones íntegras durante el tiempo que dure la reducción de su jornada de trabajo, siempre que la otra persona progenitora, adoptante o guardadora con fines de adopción o acogedora de carácter permanente, sin perjuicio del derecho a la reducción de jornada que le corresponda, no cobre sus retribuciones íntegras en virtud de este permiso o como beneficiaria de la prestación establecida para este fin en el Régimen de la Seguridad Social que le sea de aplicación. En caso contrario, sólo se tendrá derecho a la reducción de jornada, con la consiguiente reducción de retribuciones.

Asimismo, en el supuesto de que ambos presten servicios en el mismo órgano o entidad, esta podrá limitar su ejercicio simultáneo por razones fundadas en el correcto funcionamiento del servicio.

Cuando la persona enferma contraiga matrimonio o constituya una pareja de hecho, tendrá derecho al permiso quien sea su cónyuge o pareja de hecho, siempre que acredite las condiciones para ser beneficiario.

Reglamentariamente se establecerán las condiciones y supuestos en los que esta reducción de jornada se podrá acumular en jornadas completas.

f) Para hacer efectivo su derecho a la protección y a la asistencia social integral, los funcionarios que hayan sufrido daños físicos o psíquicos como consecuencia de la actividad terrorista, su cónyuge o persona con análoga relación de afectividad, y los hijos de los heridos y fallecidos, siempre que ostenten la condición de funcionarios y de víctimas del terrorismo de acuerdo con la legislación vigente, así como los funcionarios amenazados en los términos del artículo 5 de la Ley 29/2011, de 22 de septiembre, de Reconocimiento y Protección Integral a las Víctimas del Terrorismo, previo reconocimiento del Ministerio del Interior o de sentencia judicial firme, tendrán derecho a la reducción de la jornada con disminución proporcional de la retribución, o a la reordenación del tiempo de trabajo, a través de la adaptación del horario, de la aplicación del horario flexible o de otras formas de ordenación del tiempo de trabajo que sean aplicables, en los términos que establezca la Administración competente en cada caso.

Dichas medidas serán adoptadas y mantenidas en el tiempo en tanto que resulten necesarias para la protección y asistencia social integral de la persona a la que se concede, ya sea por razón de las secuelas provocadas por la acción terrorista, ya sea por la amenaza a la que se encuentra sometida, en los términos previstos reglamentariamente.

g) Permiso parental para el cuidado de hijo, hija o menor acogido por tiempo superior a un año, hasta el momento en que el menor cumpla ocho años: tendrá una duración no superior a ocho semanas, continuas o discontinuas, podrá disfrutarse a tiempo completo, o en régimen de jornada a tiempo parcial, cuando las necesidades del servicio lo permitan y conforme a los términos que reglamentariamente se establezcan.

Este permiso, constituye un derecho individual de las personas progenitoras, adoptantes o acogedoras, hombres o mujeres, sin que pueda transferirse su ejercicio.

Cuando las necesidades del servicio lo permitan, corresponderá a la persona progenitora, adoptante o acogedora especificar la fecha de inicio y fin del disfrute o, en su caso, de los períodos de disfrute, debiendo comunicarlo a la Administración con una antelación de quince días y realizándose por semanas completas.

Cuando concurran en ambas personas progenitoras, adoptantes, o acogedoras, por el mismo sujeto y hecho causante, las circunstancias necesarias para tener derecho a este permiso en los que el disfrute del permiso parental en el período solicitado altere seriamente el correcto funcionamiento de la unidad de la administración en la que ambas presten servicios, esta podrá aplazar la concesión del permiso por un período razonable, justificándolo por escrito y después de haber ofrecido una alternativa de disfrute más flexible.

A efectos de lo dispuesto en este apartado, el término de madre biológica incluye también a las personas trans gestantes.

Art. 50. *Vacaciones de los funcionarios públicos*[137].— 1. Los funcionarios públicos tendrán derecho a disfrutar, durante cada año natural, de unas vacaciones retribuidas de veintidós días hábiles, o de los días que correspondan proporcionalmente si el tiempo de servicio durante el año fue menor.

A los efectos de lo previsto en el presente artículo, no se considerarán como días hábiles los sábados[138], sin perjuicio de las adaptaciones que se establezcan para los horarios especiales.

2. Cuando las situaciones de permiso de maternidad, incapacidad temporal, riesgo durante la lactancia o riesgo durante el embarazo impidan iniciar el disfrute de las vacaciones dentro del año natural al que correspondan, o una vez iniciado el período vacacional sobreviniera una de dichas situaciones, el período vacacional se podrá disfrutar aunque haya terminado el año natural a que correspondan y siempre que no hayan transcurrido más de dieciocho meses a partir del final del año en que se hayan originado.

3. El período de vacaciones anuales retribuidas de los funcionarios públicos no puede ser sustituido por una cuantía económica. En los casos de renuncia voluntaria deberá garantizarse en todo caso el disfrute de las vacaciones devengadas.

No obstante lo anterior, en los casos de conclusión de la relación de servicios de los funcionarios públicos por causas ajenas a la voluntad de estos, tendrán derecho a solicitar el abono de una compensación económica por las vacaciones devengadas y no disfrutadas; y en particular, en los casos de jubilación por incapacidad permanente o por fallecimiento, hasta un máximo de dieciocho meses.

---

[137] Art. 142 TRRL.
[138] Art. 30.2 LPAC.

Art. 51. *Jornada de trabajo, permisos y vacaciones del personal laboral*[139].—Para el régimen de jornada de trabajo, permisos y vacaciones del personal laboral se estará a lo establecido en este capítulo y en la legislación laboral correspondiente.

CAPÍTULO VI

DEBERES DE LOS EMPLEADOS PÚBLICOS. CÓDIGO DE CONDUCTA[140]

Art. 52. *Deberes de los empleados públicos. Código de Conducta.*—Los empleados públicos deberán desempeñar con diligencia las tareas que tengan asignadas y velar por los intereses generales con sujeción y observancia de la Constitución y del resto del ordenamiento jurídico, y deberán actuar con arreglo a los siguientes principios: objetividad, integridad, neutralidad, responsabilidad, imparcialidad, confidencialidad, dedicación al servicio público, transparencia, ejemplaridad, austeridad, accesibilidad, eficacia, honradez, promoción del entorno cultural y medioambiental, y respeto a la igualdad entre mujeres y hombres, que inspiran el Código de Conducta de los empleados públicos configurado por los principios éticos y de conducta regulados en los artículos siguientes.

Los principios y reglas establecidos en este capítulo informarán la interpretación y aplicación del régimen disciplinario de los empleados públicos.

Art. 53. *Principios éticos*[141].—1. Los empleados públicos respetarán la Constitución y el resto de normas que integran el ordenamiento jurídico[142].

2. Su actuación perseguirá la satisfacción de los intereses generales de los ciudadanos y se fundamentará en consideraciones objetivas

---

[139] Arts. 34 a 38 del Texto Refundido de la Ley del Estatuto de los Trabajadores, aprobado por Real Decreto Legislativo 2/2015, de 23 de octubre.

[140] Arts. 103 CE y 1.º de esta Ley.

[141] Art. 1.º3 de esta Ley.

[142] Arts. 62.1.*c*) y 95.2.*a*) de esta Ley, así como el Capítulo III de este Título.

orientadas hacia la imparcialidad y el interés común, al margen de cualquier otro factor que exprese posiciones personales, familiares, corporativas, clientelares o cualesquiera otras que puedan colisionar con este principio.

3. Ajustarán su actuación a los principios de lealtad y buena fe con la Administración en la que presten sus servicios, y con sus superiores, compañeros, subordinados y con los ciudadanos.

4. Su conducta se basará en el respeto de los derechos fundamentales y libertades públicas, evitando toda actuación que pueda producir discriminación alguna por razón de nacimiento, origen racial o étnico, género, sexo, orientación e identidad sexual, expresión de género, características sexuales, religión o convicciones, opinión, discapacidad, edad o cualquier otra condición o circunstancia personal o social.

5. Se abstendrán en aquellos asuntos en los que tengan un interés personal, así como de toda actividad privada o interés que pueda suponer un riesgo de plantear conflictos de intereses con su puesto público[143].

6. No contraerán obligaciones económicas ni intervendrán en operaciones financieras, obligaciones patrimoniales o negocios jurídicos con personas o entidades cuando pueda suponer un conflicto de intereses con las obligaciones de su puesto público.

7. No aceptarán ningún trato de favor o situación que implique privilegio o ventaja injustificada, por parte de personas físicas o entidades privadas[144].

8. Actuarán de acuerdo con los principios de eficacia, economía y eficiencia, y vigilarán la consecución del interés general y el cumplimiento de los objetivos de la organización[145].

9. No influirán en la agilización o resolución de trámite o procedimiento administrativo sin justa causa y, en ningún caso, cuando ello comporte un privilegio en be-

---

[143] Arts. 23 y 24 LRJSP. Véase la Ley 53/1984, de 26 de diciembre, de incompatibilidades del personal al servicio de las Administraciones Públicas.
[144] Arts. 54.6 y 95.2.j) de esta Ley.
[145] Arts. 103.1 CE, 81.1 LFCE, 3.º1 LRJSP, 52 y 69.1 de esta Ley.

neficio de los titulares de los cargos públicos o su entorno familiar y social inmediato o cuando suponga un menoscabo de los intereses de terceros.

10. Cumplirán con diligencia las tareas que les correspondan o se les encomienden y, en su caso, resolverán dentro de plazo los procedimientos o expedientes de su competencia[146].

11. Ejercerán sus atribuciones según el principio de dedicación al servicio público absteniéndose no sólo de conductas contrarias al mismo, sino también de cualesquiera otras que comprometan la neutralidad en el ejercicio de los servicios públicos.

12. Guardarán secreto de las materias clasificadas u otras cuya difusión esté prohibida legalmente, y mantendrán la debida discreción sobre aquellos asuntos que conozcan por razón de su cargo, sin que puedan hacer uso de la información obtenida para beneficio propio o de terceros, o en perjuicio del interés público[147].

Art. 54. *Principios de conducta.*—1. Tratarán con atención y respeto a los ciudadanos, a sus superiores y a los restantes empleados públicos[148].

2. El desempeño de las tareas correspondientes a su puesto de trabajo se realizará de forma diligente y cumpliendo la jornada[149] y el horario establecidos.

3. Obedecerán las instrucciones y órdenes profesionales de los superiores, salvo que constituyan una infracción manifiesta del ordenamiento jurídico, en cuyo caso las pondrán inmediatamente en conocimiento de los órganos de inspección procedentes.

---

[146] Art. 21.6 LPAC.

[147] Arts. 95.2.*e*) y *f*) de esta Ley y 413 ss. del Código Penal. Véase la Ley 9/1968, de 5 de abril, sobre Secretos Oficiales.

[148] Arts. 54.1 de esta Ley y 13 LPAC.

[149] Resolución de 28 de febrero de 2019, de la Secretaría de Estado de Función Pública, por la que se dictan instrucciones sobre jornada y horarios de trabajo del personal al servicio de la Administración General del Estado y sus Organismos Públicos. Véanse los arts. 47 de esta Ley, 30.4 LMRFP, 94 LRBRL, 144 TRRL y 14 del Real Decreto 598/1985, de 30 de abril, sobre incompatibilidades del personal al servicio del Estado, de la Seguridad Social y de los entes, organismos y empresas dependientes.

4. Informarán a los ciudadanos sobre aquellas materias o asuntos que tengan derecho a conocer, y facilitarán el ejercicio de sus derechos y el cumplimiento de sus obligaciones[150].

5. Administrarán los recursos y bienes públicos con austeridad, y no utilizarán los mismos en provecho propio o de personas allegadas. Tendrán, asimismo, el deber de velar por su conservación[151].

6. Se rechazará cualquier regalo, favor o servicio en condiciones ventajosas que vaya más allá de los usos habituales, sociales y de cortesía, sin perjuicio de lo establecido en el Código Penal[152].

7. Garantizarán la constancia y permanencia de los documentos para su transmisión y entrega a sus posteriores responsables[153].

8. Mantendrán actualizada su formación y cualificación[154].

9. Observarán las normas sobre seguridad y salud laboral[155].

10. Pondrán en conocimiento de sus superiores o de los órganos competentes las propuestas que consideren adecuadas para mejorar el desarrollo de las funciones de la unidad en la que estén destinados. A estos efectos se podrá prever la creación de la instancia adecuada competente para centralizar la recepción de las propuestas de los empleados públicos o administrados que sirvan para mejorar la eficacia en el servicio.

11. Garantizarán la atención al ciudadano en la lengua que lo solicite siempre que sea oficial en el territorio[156].

---

[150] Arts 13 y 53 LPAC.

[151] Art. 29.1 de la Ley 33/2003, de 3 de noviembre, de Patrimonio de las Administraciones Públicas, 36.3 de la LRJSP y arts. 432 ss. del Código Penal.

[152] Arts. 53.7 de esta Ley y 419 ss. del Código Penal.

[153] Arts. 49, 52, 54 y 55 de la Ley 16/1985, de 25 de junio, del Patrimonio Histórico Español, y 413 ss. del Código Penal.

[154] Art. 14.*g*) de esta Ley. Véase la STC 99/1987, así como el art. 15 LMRFP.

[155] Véase la Ley 13/1995, de 8 de noviembre, de Prevención de Riesgos Laborales.

[156] Arts. 3.º2 CE y 13 y 15 LPAC.

TÍTULO IV

Adquisición y pérdida de la relación de servicio

CAPÍTULO PRIMERO

ACCESO AL EMPLEO PÚBLICO Y ADQUISICIÓN DE LA RELACIÓN DE SERVICIO[157]

Art. 55. *Principios rectores*[158].—1. Todos los ciudadanos tienen derecho al acceso al empleo público de acuerdo con los principios constitucionales de igualdad, mérito y capacidad, y de acuerdo con lo previsto en el presente Estatuto y en el resto del ordenamiento jurídico.

2. Las Administraciones Públicas, entidades y organismos a que se refiere el artículo 2 del presente Estatuto seleccionarán a su personal funcionario y laboral mediante procedimientos en los que se garanticen los principios constitucionales antes expresados, así como los establecidos a continuación:

a) Publicidad de las convocatorias y de sus bases.

b) Transparencia.

c) Imparcialidad y profesionalidad de los miembros de los órganos de selección[159].

d) Independencia y discrecionalidad técnica en la actuación de los órganos de selección.

e) Adecuación entre el contenido de los procesos selectivos y las funciones o tareas a desarrollar[160].

f) Agilidad, sin perjuicio de la objetividad, en los procesos de selección.

---

[157] Sobre acceso a empleo público en el ámbito de la Administración General del Estado, véase el Título II del Libro II del Real Decreto-Ley 6/2023, de 19 de diciembre, por el que se aprueban medidas urgentes para la ejecución del Plan de Recuperación, Transformación y Resiliencia en materia de servicio público de justicia, función pública, régimen local y mecenazgo.

[158] Arts. 23.2 y 103.3 CE, 1.º3.*b*) de esta Ley y 91, 100 y 103 LRBRL. Véanse los títulos I y II del RGI, vigente en cuanto no se oponga a esta Ley.

[159] Art. 60 de esta Ley.

[160] Art. 61.2 de esta Ley.

Art. 56. *Requisitos generales.*—1. Para poder participar en los procesos selectivos será necesario reunir los siguientes requisitos:

a) Tener la nacionalidad española, sin perjuicio de lo dispuesto en el artículo siguiente.

b) Poseer la capacidad funcional para el desempeño de las tareas.

c) Tener cumplidos dieciséis años[161] y no exceder, en su caso, de la edad máxima de jubilación forzosa[162]. Sólo por ley podrá establecerse otra edad máxima, distinta de la edad de jubilación forzosa, para el acceso al empleo público.

d) No haber sido separado mediante expediente disciplinario del servicio de cualquiera de las Administraciones Públicas[163] o de los órganos constitucionales o estatutarios de las Comunidades Autónomas, ni hallarse en inhabilitación absoluta o especial para empleos o cargos públicos por resolución judicial, para el acceso al cuerpo o escala de funcionario, o para ejercer funciones similares a las que desempeñaban en el caso del personal laboral, en el que hubiese sido separado o inhabilitado[164]. En el caso de ser nacional de otro Estado, no hallarse inhabilitado o en situación equivalente ni haber sido sometido a sanción disciplinaria o equivalente que impida, en su Estado, en los mismos términos el acceso al empleo público.

e) Poseer la titulación exigida.

2. Las Administraciones Públicas, en el ámbito de sus competencias, deberán prever la selección de empleados públicos debidamente capacitados para cubrir los puestos de trabajo en las Comunidades Autónomas que gocen de dos lenguas oficiales[165].

3. Podrá exigirse el cumplimiento de otros requisitos específicos que guarden rela-

---

[161] Art. 6.º1 del Texto Refundido de la Ley del Estatuto de los Trabajadores, aprobado por Real Decreto Legislativo 2/2015, de 23 de octubre.

[162] Art. 67.3 de esta Ley.

[163] Art. 96.1.*e)* de esta Ley.

[164] Arts. 33, 40 a 43 y 54 a 56 del Código Penal.

[165] Arts. 3.º2 CE y 13 y 15 LPAC.

ción objetiva y proporcionada con las funciones asumidas y las tareas a desempeñar. En todo caso, habrán de establecerse de manera abstracta y general.

Art. 57. *Acceso al empleo público de nacionales de otros Estados*[166].—1. Los nacionales de los Estados miembros de la Unión Europea podrán acceder, como personal funcionario, en igualdad de condiciones que los españoles a los empleos públicos, con excepción de aquellos que directa o indirectamente impliquen una participación en el ejercicio del poder público o en las funciones que tienen por objeto la salvaguardia de los intereses del Estado o de las Administraciones Públicas.

A tal efecto, los órganos de gobierno de las Administraciones Públicas determinarán las agrupaciones de funcionarios contempladas en el artículo 76 a las que no puedan acceder los nacionales de otros Estados.

2. Las previsiones del apartado anterior serán de aplicación, cualquiera que sea su nacionalidad, al cónyuge de los españoles y de los nacionales de otros Estados miembros de la Unión Europea, siempre que no estén separados de derecho y a sus descendientes y a los de su cónyuge siempre que no estén separados de derecho, sean menores de veintiún años o mayores de dicha edad dependientes.

3. El acceso al empleo público como personal funcionario, se extenderá igualmente a las personas incluidas en el ámbito de aplicación de los Tratados Internacionales celebrados por la Unión Europea y ratificados por España en los que sea de aplicación la libre circulación de trabajadores, en los términos establecidos en el apartado 1 de este artículo.

4. Los extranjeros a los que se refieren los apartados anteriores, así como los extranjeros con residencia legal en España podrán acceder a las Administraciones Públi-

---

[166] Art. 56.1.*a*) de esta Ley. Véase Real Decreto 543/2001, de 18 de mayo, sobre acceso al empleo público de la Administración General del Estado y sus Organismos Públicos de nacionales de otros Estados a los que es de aplicación el derecho a la libre circulación de trabajadores.

cas, como personal laboral, en igualdad de condiciones que los españoles.

5. Sólo por ley de las Cortes Generales o de las asambleas legislativas de las comunidades autónomas podrá eximirse del requisito de la nacionalidad por razones de interés general para el acceso a la condición de personal funcionario.

Art. 58. *Acceso al empleo público de funcionarios españoles de Organismos Internacionales.*—Las Administraciones Públicas establecerán los requisitos y condiciones para el acceso a las mismas de funcionarios de nacionalidad española de Organismos Internacionales, siempre que posean la titulación requerida y superen los correspondientes procesos selectivos. Podrán quedar exentos de la realización de aquellas pruebas que tengan por objeto acreditar conocimientos ya exigidos para el desempeño de su puesto en el organismo internacional correspondiente.

Art. 59. *Personas con discapacidad*[167].—1. En las ofertas de empleo público se reservará un cupo no inferior al 7 por 100 de las vacantes para ser cubiertas entre personas con discapacidad, considerando como tales las definidas en el apartado 2 del artículo 4 del texto refundido de la Ley General de derechos de las personas con discapacidad y de su inclusión social, aprobado por el Real Decreto Legislativo 1/2013, de 29 de noviembre[168], siempre que superen los procesos selectivos y acrediten su discapacidad y la compatibilidad con el desempeño de las tareas, de modo que progresivamente se alcance el 2 por 100 de los efectivos totales en cada Administración Pública.

La reserva del mínimo del 7 por 100 se realizará de manera que, al menos, el 2 por 100 de las plazas ofertadas lo sea para ser cubiertas por personas que acrediten discapacidad intelectual y el resto de las plazas ofertadas lo sea

---

[167] Art. 14.*i*) de esta Ley y norma citada en este precepto.
[168] Esta referencia sustituye a la del art. 1.º2 de la Ley 51/2003, de 2 de diciembre, que figuraba en la Ley 7/2007, de 12 de abril.

para personas que acrediten cualquier otro tipo de discapacidad.

2. Cada Administración Pública adoptará las medidas precisas para establecer las adaptaciones y ajustes razonables de tiempos y medios en el proceso selectivo y, una vez superado dicho proceso, las adaptaciones en el puesto de trabajo a las necesidades de las personas con discapacidad.

Art. 60. *Órganos de selección.*—1. Los órganos de selección serán colegiados y su composición deberá ajustarse a los principios de imparcialidad y profesionalidad de sus miembros[169], y se tenderá, asimismo, a la paridad entre mujer y hombre[170].

2. El personal de elección o de designación política, los funcionarios interinos y el personal eventual no podrán formar parte de los órganos de selección.

3. La pertenencia a los órganos de selección será siempre a título individual, no pudiendo ostentarse esta en representación o por cuenta de nadie.

Art. 61. *Sistemas selectivos.*—1. Los procesos selectivos tendrán carácter abierto y garantizarán la libre concurrencia, sin perjuicio de lo establecido para la promoción interna[171] y de las medidas de discriminación positiva previstas en este Estatuto[172].

Los órganos de selección velarán por el cumplimiento del principio de igualdad de oportunidades entre sexos[173].

2. Los procedimientos de selección cuidarán especialmente la conexión entre el tipo de pruebas a superar y la adecuación al desempeño de las tareas de los puestos de traba-

---

[169] Arts. 127.1.*h*) LRBRL, 55.2.*c*) de esta Ley.

[170] Véase la Ley Orgánica 3/2007, de 22 de marzo, para la igualdad efectiva de mujeres y hombres, Disp. Adic. 1.ª del Real Decreto-ley 14/2021, de 6 de julio, de medidas urgentes para la reducción de la temporalidad en el empleo público. Véase art. 9 de la Ley 15/2022, de 12 de julio, integral para la igualdad de trato y la no discriminación.

[171] Arts. 18 de esta Ley y 22 LMRFP, excepto los cinco primeros párrafos del apartado 1 (derogados).

[172] Art. 59 de esta Ley.

[173] Art. 14 CE. Véase la Ley Orgánica 3/2007, de 22 de marzo, para la igualdad efectiva de mujeres y hombres.

jo convocados, incluyendo, en su caso, las pruebas prácticas que sean precisas.

Las pruebas podrán consistir en la comprobación de los conocimientos y la capacidad analítica de los aspirantes, expresados de forma oral o escrita, en la realización de ejercicios que demuestren la posesión de habilidades y destrezas, en la comprobación del dominio de lenguas extranjeras y, en su caso, en la superación de pruebas físicas.

3. Los procesos selectivos que incluyan, además de las preceptivas pruebas de capacidad, la valoración de méritos de los aspirantes sólo podrán otorgar a dicha valoración una puntuación proporcionada que no determinará, en ningún caso, por sí misma el resultado del proceso selectivo.

4. Las Administraciones Públicas podrán crear órganos especializados y permanentes para la organización de procesos selectivos, pudiéndose encomendar estas funciones a los Institutos o Escuelas de Administración Pública[174].

5. Para asegurar la objetividad y la racionalidad de los procesos selectivos, las pruebas podrán completarse con la superación de cursos, de períodos de prácticas, con la exposición curricular por los candidatos, con pruebas psicotécnicas o con la realización de entrevistas. Igualmente podrán exigirse reconocimientos médicos.

6. Los sistemas selectivos de funcionarios de carrera serán los de oposición y concurso-oposición que deberán incluir, en todo caso, una o varias pruebas para determinar la capacidad de los aspirantes y establecer el orden de prelación.

Sólo en virtud de ley podrá aplicarse, con carácter excepcional, el sistema de concurso que consistirá únicamente en la valoración de méritos.

7. Los sistemas selectivos de personal laboral fijo serán los de oposición, concurso-

---

[174] Véase el Real Decreto 464/2011, de 1 de abril, por el que se aprueba el Estatuto del Instituto Nacional de Administración Pública.

Véase art. 9 de la Ley 15/2022, de 12 de julio, integral para la igualdad de trato y la no discriminación.

oposición, con las características establecidas en el apartado anterior, o concurso de valoración de méritos.

Las Administraciones Públicas podrán negociar las formas de colaboración que en el marco de los convenios colectivos fijen la actuación de las organizaciones sindicales en el desarrollo de los procesos selectivos.

8. Los órganos de selección no podrán proponer el acceso a la condición de funcionario de un número superior de aprobados al de plazas convocadas, excepto cuando así lo prevea la propia convocatoria.

No obstante lo anterior, siempre que los órganos de selección hayan propuesto el nombramiento de igual número de aspirantes que el de plazas convocadas, y con el fin de asegurar la cobertura de las mismas, cuando se produzcan renuncias de los aspirantes seleccionados, antes de su nombramiento o toma de posesión, el órgano convocante podrá requerir del órgano de selección relación complementaria de los aspirantes que sigan a los propuestos, para su posible nombramiento como funcionarios de carrera.

Art. 62. *Adquisición de la condición de funcionario de carrera*[175].—1. La condición de funcionario de carrera se adquiere por el cumplimiento sucesivo de los siguientes requisitos:

a) Superación del proceso selectivo.

b) Nombramiento por el órgano o autoridad competente, que será publicado en el *Diario Oficial* correspondiente.

c) Acto de acatamiento de la Constitución y, en su caso, del Estatuto de Autonomía correspondiente y del resto del Ordenamiento Jurídico[176].

d) Toma de posesión dentro del plazo que se establezca.

2. A efectos de lo dispuesto en el apartado 1.*b*) anterior, no podrán ser funcionarios y quedarán sin efecto las actuaciones relativas a quienes no acrediten, una vez superado el proceso selectivo, que reúnen

---

[175] Art. 137 TRRL.
[176] Arts. 52, 53.1 y 95.2.*a*) de esta Ley.

los requisitos y condiciones exigidos en la convocatoria.

CAPÍTULO II

PÉRDIDA DE LA RELACIÓN DE SERVICIO[177]

Art. 63. *Causas de pérdida de la condición de funcionario de carrera.*—Son causas de pérdida de la condición de funcionario de carrera:

a)   La renuncia a la condición de funcionario.

b)   La pérdida de la nacionalidad.

c)   La jubilación total del funcionario.

d)   La sanción disciplinaria de separación del servicio que tuviere carácter firme.

e)   La pena principal o accesoria de inhabilitación absoluta o especial para cargo público que tuviere carácter firme.

Art. 64. *Renuncia*[178].— 1.   La renuncia voluntaria a la condición de funcionario habrá de ser manifestada por escrito y será aceptada expresamente por la Administración, salvo lo dispuesto en el apartado siguiente.

2.   No podrá ser aceptada la renuncia cuando el funcionario esté sujeto a expediente disciplinario o haya sido dictado en su contra auto de procesamiento o de apertura de juicio oral por la comisión de algún delito.

3.   La renuncia a la condición de funcionario no inhabilita para ingresar de nuevo en la Administración Pública a través del procedimiento de selección establecido.

Art. 65. *Pérdida de la nacionalidad*[179].—La pérdida de la nacionalidad española o la de cualquier otro Estado miembro de la Unión Europea o la de aquellos Estados a los que, en virtud de tratados internacionales celebrados por la Unión Europea y ratificados por España, les sea de aplicación la libre circulación de trabajadores, que haya sido tenida en cuenta para el nombramiento, deter-

---

[177] Arts. 64 a 67 y 96.1.*a)* de esta Ley.
[178] Art. 6.º2 del Código Civil.
[179] Arts. 24 y 25 del Código Civil.

minará la pérdida de la condición de funcionario salvo que simultáneamente se adquiera la nacionalidad de alguno de dichos Estados.

Art. 66. *Pena principal o accesoria de inhabilitación absoluta o especial para cargo público*[180].—La pena principal o accesoria de inhabilitación absoluta cuando hubiere adquirido firmeza la sentencia que la imponga produce la pérdida de la condición de funcionario respecto a todos los empleos o cargos que tuviere.

La pena principal o accesoria de inhabilitación especial cuando hubiere adquirido firmeza la sentencia que la imponga produce la pérdida de la condición de funcionario respecto de aquellos empleos o cargos especificados en la sentencia.

Art. 67. *Jubilación*[181].— 1. La jubilación de los funcionarios podrá ser:

a) Voluntaria, a solicitud del funcionario.

b) Forzosa, al cumplir la edad legalmente establecida.

c) Por la declaración de incapacidad permanente para el ejercicio de las funciones propias de su cuerpo o escala, o por el reconocimiento de una pensión de incapacidad permanente absoluta o incapacidad permanente total en relación con el ejercicio de las funciones de su cuerpo o escala.

2. Procederá la jubilación voluntaria, a solicitud del interesado, siempre que el funcionario reúna los requisitos y condiciones establecidos en el Régimen de Seguridad Social que le sea aplicable.

---

[180] Arts. 33, 40 a 43 y 54 a 56 del Código Penal.
[181] Arts. 39.4 LFCE y 139 TRRL. Véanse el Texto Refundido de la Ley General de la Seguridad Social, aprobado por Real Decreto Legislativo 8/2015, de 30 de octubre; el Texto Refundido de la Ley sobre Seguridad Social de los Funcionarios Civiles del Estado, aprobado por Real Decreto Legislativo 4/2000, de 23 de junio; el Texto Refundido de Ley de Clases Pasivas del Estado, aprobado por Real Decreto Legislativo 670/1987, de 30 de abril; el Real Decreto 172/1988, de 22 de febrero, sobre procedimientos de jubilación y concesión de pensiones de jubilación de los Funcionarios Civiles del Estado, y el Real Decreto 480/1993, de 2 de abril, por el que se integra en el Régimen General de la Seguridad Social el Régimen Especial de los Funcionarios de la Administración Local.

3. La jubilación forzosa se declarará de oficio al cumplir el funcionario los sesenta y cinco años de edad.

No obstante, en los términos de las leyes de Función Pública que se dicten en desarrollo de este Estatuto, se podrá solicitar la prolongación de la permanencia en el servicio activo como máximo hasta que se cumpla setenta años de edad. La Administración Pública competente deberá de resolver de forma motivada la aceptación o denegación de la prolongación.

De lo dispuesto en los dos párrafos anteriores quedarán excluidos los funcionarios que tengan normas estatales específicas de jubilación.

4. Con independencia de la edad legal de jubilación forzosa establecida en el apartado 3, la edad de la jubilación forzosa del personal funcionario incluido en el Régimen General de la Seguridad Social será, en todo caso, la que prevean las normas reguladoras de dicho régimen para el acceso a la pensión de jubilación en su modalidad contributiva sin coeficiente reductor por razón de la edad[182].

Art. 68. *Rehabilitación de la condición de funcionario*[183].—1. En caso de extinción de la relación de servicios como consecuencia de pérdida de la nacionalidad o jubilación por incapacidad permanente para el servicio, el interesado, una vez desaparecida la causa objetiva que la motivó, podrá solicitar la rehabilitación de su condición de funcionario, que le será concedida.

2. Los órganos de gobierno de las Administraciones Públicas podrán conceder, con carácter excepcional, la rehabilitación, a petición del interesado, de quien hubiera perdido la condición de funcionario por haber sido condenado a la pena principal o

---

[182] Véase el art. 11 del Real Decreto-ley 20/2012, de 13 de julio, de medidas para garantizar la estabilidad presupuestaria y de fomento de la competitividad.

[183] Art. 26 del Código Civil. Véase el Real Decreto 2.669/1998, de 11 de diciembre, por el que se aprueba el procedimiento a seguir en materia de rehabilitación de los funcionarios públicos en el ámbito de la Administración General del Estado.

accesoria de inhabilitación, atendiendo a las circunstancias y entidad del delito cometido. Si transcurrido el plazo para dictar la resolución, no se hubiera producido de forma expresa, se entenderá desestimada la solicitud.

TÍTULO V

Ordenación de la actividad profesional

CAPÍTULO PRIMERO

PLANIFICACIÓN
DE RECURSOS HUMANOS[184]

Art. 69. *Objetivos e instrumentos de la planificación*[185].— 1. La planificación de los recursos humanos en las Administraciones Públicas tendrá como objetivo contribuir a la consecución de la eficacia en la prestación de los servicios y de la eficiencia en la utilización de los recursos económicos disponibles mediante la dimensión adecuada de sus efectivos, su mejor distribución, formación, promoción profesional y movilidad.

2. Las Administraciones Públicas podrán aprobar Planes para la ordenación de sus recursos humanos, que incluyan, entre otras, algunas de las siguientes medidas:

a) Análisis de las disponibilidades y necesidades de personal, tanto desde el punto de vista del número de efectivos, como del de los perfiles profesionales o niveles de cualificación de los mismos.

b) Previsiones sobre los sistemas de organización del trabajo y modificaciones de estructuras de puestos de trabajo.

c) Medidas de movilidad, entre las cuales podrá figurar la suspensión de incorporaciones de personal externo a

---

[184] Sobre planificación estratégica de los recursos humanos de la Administración General del Estado, véase el Título I del Libro II del Real Decreto-Ley 6/2023, de 19 de diciembre, por el que se aprueban medidas urgentes para la ejecución del Plan de Recuperación, Transformación y Resiliencia en materia de servicio público de justicia, función pública, régimen local y mecenazgo.
[185] Art. 18.6 y Disp. Adic. 21.ª LMRFP.

un determinado ámbito o la convocatoria de concursos de provisión de puestos limitados a personal de ámbitos que se determinen.

d) Medidas de promoción interna y de formación del personal y de movilidad forzosa de conformidad con lo dispuesto en el Capítulo III del presente Título de este Estatuto.

e) La previsión de la incorporación de recursos humanos a través de la Oferta de empleo público, de acuerdo con lo establecido en el artículo siguiente.

3. Cada Administración Pública planificará sus recursos humanos de acuerdo con los sistemas que establezcan las normas que les sean de aplicación.

Art. 70. *Oferta de empleo público*[186].—1. Las necesidades de recursos humanos, con asignación presupuestaria, que deban proveerse mediante la incorporación de personal de nuevo ingreso serán objeto de la Oferta de empleo pú-

blico, o a través de otro instrumento similar de gestión de la provisión de las necesidades de personal, lo que comportará la obligación de convocar los correspondientes procesos selectivos para las plazas comprometidas y hasta un 10 por 100 adicional, fijando el plazo máximo para la convocatoria de los mismos. En todo caso, la ejecución de la oferta de empleo público o instrumento similar deberá desarrollarse dentro del plazo improrrogable de tres años.

2. La Oferta de empleo público o instrumento similar, que se aprobará anualmente por los órganos de Gobierno de las Administraciones Públicas, deberá ser publicada en el Diario oficial correspondiente.

3. La Oferta de empleo público o instrumento similar podrá contener medidas derivadas de la planificación de recursos humanos.

Art. 71. *Registros de personal y gestión integrada de recursos humanos*[187].—1. Cada

---

[186] Arts. 18.6 LMRFP; 21.1.*g*), 34.1.*g*), 91, 104 y 127.1.*h*) LRBRL y 128.1 TRRL.

[187] Art. 13.1 y 5 LMRFP. Véase el Real Decreto 1.405/1986, de 6 de junio, por el que se aprueba el Reglamento del Registro Central de Personal y las normas de coordinación con las restantes Administraciones Públicas (modifi-

Administración Pública constituirá un Registro en el que se inscribirán los datos relativos al personal contemplado en los artículos 2 y 5 del presente Estatuto y que tendrá en cuenta las peculiaridades de determinados colectivos.

2. Los Registros podrán disponer también de la información agregada sobre los restantes recursos humanos de su respectivo sector público.

3. Mediante convenio de Conferencia Sectorial se establecerán los contenidos mínimos comunes de los Registros de personal y los criterios que permitan el intercambio homogéneo de la información entre Administraciones, con respeto a lo establecido en la legislación de protección de datos de carácter personal.

4. Las Administraciones Públicas impulsarán la gestión integrada de recursos humanos.

5. Cuando las Entidades Locales no cuenten con la suficiente capacidad financiera o técnica, la Administración General del Estado y las Comunidades Autónomas cooperarán con aquellas a los efectos contemplados en este artículo[188].

CAPÍTULO II

Estructuración del empleo público

Art. 72. *Estructuración de los recursos humanos.*—En el marco de sus competencias de autoorganización, las Administraciones Públicas estructuran sus recursos humanos de acuerdo con las normas que regulan la selección, la promoción profesional, la movilidad y la distribución de funciones y conforme a lo previsto en este capítulo.

Art. 73. *Desempeño y agrupación de puestos de trabajo*[189].—1. Los empleados públicos tienen derecho al desempeño de un puesto de trabajo de acuerdo con el sistema de estructuración del empleo público que establezcan las leyes

---

cado profundamente por el Real Decreto 2.073/1999, de 30 de diciembre), en vigor en tanto no se oponga a esta Ley.

[188] Art. 57 LRBRL.

[189] Art. 14.*b*) de esta Ley.

de desarrollo del presente Estatuto.

2. Las Administraciones Públicas podrán asignar a su personal funciones, tareas o responsabilidades distintas a las correspondientes al puesto de trabajo que desempeñen siempre que resulten adecuadas a su clasificación, grado o categoría, cuando las necesidades del servicio lo justifiquen sin merma en las retribuciones.

3. Los puestos de trabajo podrán agruparse en función de sus características para ordenar la selección, la formación y la movilidad.

Art. 74. *Ordenación de los puestos de trabajo*[190].—Las Administraciones Públicas estructurarán su organización a través de relaciones de puestos de trabajo u otros instrumentos organizativos similares que comprenderán, al menos, la denominación de los puestos, los grupos de clasificación profesional, los cuerpos o escalas, en su caso, a que estén adscritos, los sistemas de provisión y las retribuciones complementarias. Dichos instrumentos serán públicos.

Art. 75. *Cuerpos y escalas*[191].—1. Los funcionarios se agrupan en cuerpos, escalas, especialidades u otros sistemas que incorporen competencias, capacidades y conocimientos comunes acreditados a través de un proceso selectivo.

2. Los cuerpos y escalas de funcionarios se crean, modifican y suprimen por ley de las Cortes Generales o de las asambleas legislativas de las comunidades autónomas.

3. Cuando en esta Ley se hace referencia a cuerpos y escalas se entenderá comprendida igualmente cualquier otra agrupación de funcionarios.

Art. 76. *Grupos de clasificación profesional del personal funcionario de carrera*[192].—Los cuerpos y escalas se clasifican, de acuerdo con la titulación exigida para el acceso a los mismos, en los siguientes grupos:

---

[190] Arts. 15 LMRFP y 126.4 y 129.3 TRRL.
[191] Arts. 23 y 24 LFCE y 129.3.*b*) y 167 a 175 TRRL.
[192] Arts. 167 a 175 TRRL.

Grupo A: Dividido en dos Subgrupos, A1 y A2.

Para el acceso a los cuerpos o escalas de este Grupo se exigirá estar en posesión del título universitario de Grado. En aquellos supuestos en los que la ley exija otro título universitario será éste el que se tenga en cuenta.

La clasificación de los cuerpos y escalas en cada Subgrupo estará en función del nivel de responsabilidad de las funciones a desempeñar y de las características de las pruebas de acceso.

Grupo B: Para el acceso a los cuerpos o escalas del Grupo B se exigirá estar en posesión del título de Técnico Superior.

Grupo C: Dividido en dos Subgrupos, C1 y C2, según la titulación exigida para el ingreso.

C1: Título de Bachiller o Técnico.

C2: Título de Graduado en Educación Secundaria Obligatoria.

Art. 77. *Clasificación del personal laboral.*—El personal laboral se clasificará de conformidad con la legislación laboral[193].

CAPÍTULO III

PROVISIÓN DE PUESTOS DE TRABAJO Y MOVILIDAD[194]

Art. 78. *Principios y procedimientos de provisión de puestos de trabajo del personal funcionario de carrera*[195].— 1. Las Administraciones Públicas proveerán los puestos de trabajo mediante procedimientos basados en los principios de igualdad, mérito, capacidad y publicidad.

2. La provisión de puestos de trabajo en cada Administración Pública se llevará

---

[193] Art. 22 del Texto Refundido de la Ley del Estatuto de los Trabajadores, aprobado por Real Decreto Legislativo 2/2015, de 23 de octubre.

[194] Téngase en cuenta la Disp. Final 4.ª de esta Ley, que supedita la entrada en vigor de este capítulo a la entrada en vigor de las Leyes de Función Pública que se dicten en desarrollo del Estatuto Básico.

[195] Arts. 20.1.*b*), párrafo 2.º, LMRFP, 1.º3.*b*), 14.*c*) y 16.2 de esta Ley y 101 LRBRL. Véase el Título III del RGI, vigente en cuanto no se oponga a esta Ley.

a cabo por los procedimientos de concurso y de libre designación con convocatoria pública.

3. Las leyes de Función Pública que se dicten en desarrollo del presente Estatuto podrán establecer otros procedimientos de provisión en los supuestos de movilidad a que se refiere el artículo 81.2, permutas entre puestos de trabajo, movilidad por motivos de salud o rehabilitación del funcionario, reingreso al servicio activo, cese o remoción en los puestos de trabajo y supresión de los mismos.

Art. 79. *Concurso de provisión de los puestos de trabajo del personal funcionario de carrera*[196].—1. El concurso, como procedimiento normal de provisión de puestos de trabajo, consistirá en la valoración de los méritos y capacidades y, en su caso, aptitudes de los candidatos por órganos colegiados de carácter técnico. La composición de estos órganos responderá al principio de profesionalidad y especialización de sus miembros y se adecuará al criterio de paridad entre mujer y hombre. Su funcionamiento se ajustará a las reglas de imparcialidad y objetividad.

2. Las leyes de Función Pública que se dicten en desarrollo del presente Estatuto establecerán el plazo mínimo de ocupación de los puestos obtenidos por concurso para poder participar en otros concursos de provisión de puestos de trabajo.

3. En las convocatorias de concursos podrá establecerse una puntuación que, como máximo, podrá alcanzar la que se determine en las mismas para la antigüedad, para quienes tengan la condición de víctima del terrorismo o de amenazados, en los términos fijados en el artículo 35 de la Ley 29/2011, de 22 de septiembre, de Reconocimiento y Protección Integral a las Víctimas del Terrorismo, siempre que se acredite que la obtención del puesto sea preciso para la consecución de los fines de protección y asistencia social integral de estas personas.

Para la acreditación de estos extremos, reglamentaria-

---

[196] Véase nota al art. 78.

mente se determinarán los órganos competentes para la emisión de los correspondientes informes. En todo caso, cuando se trate de garantizar la protección de las víctimas será preciso el informe del Ministerio del Interior.

4. En el caso de supresión o remoción de los puestos obtenidos por concurso se deberá asignar un puesto de trabajo conforme al sistema de carrera profesional propio de cada Administración Pública y con las garantías inherentes de dicho sistema.

Art. 80. *Libre designación con convocatoria pública del personal funcionario de carrera*[197].—1. La libre designación con convocatoria pública consiste en la apreciación discrecional por el órgano competente de la idoneidad de los candidatos en relación con los requisitos exigidos para el desempeño del puesto.

2. Las leyes de Función Pública que se dicten en desarrollo del presente Estatuto establecerán los criterios para determinar los puestos que por su especial responsabilidad y confianza puedan cubrirse por el procedimiento de libre designación con convocatoria pública.

3. El órgano competente para el nombramiento podrá recabar la intervención de especialistas que permitan apreciar la idoneidad de los candidatos.

4. Los titulares de los puestos de trabajo provistos por el procedimiento de libre designación con convocatoria pública podrán ser cesados discrecionalmente. En caso de cese, se les deberá asignar un puesto de trabajo conforme al sistema de carrera profesional propio de cada Administración Pública y con las garantías inherentes de dicho sistema.

Art. 81. *Movilidad del personal funcionario de carrera*[198].—1. Cada Administración Pública, en el marco de la planificación general de sus recursos humanos, y sin perjuicio del derecho de los

---

[197] Arts. 20.1.*b*), párrafo 2.°, LMRFP; 1.°3.*b*), 14.*c*) y 16.2 de esta Ley y 101 LRBRL. Véase el título III del RGI, vigente en cuanto no se oponga a esta Ley.
[198] Arts. 69, 72, 73.3 y 78.3 de esta Ley.

funcionarios a la movilidad podrá establecer reglas para la ordenación de la movilidad voluntaria de los funcionarios públicos cuando considere que existen sectores prioritarios de la actividad pública con necesidades específicas de efectivos.

2. Las Administraciones Públicas, de manera motivada, podrán trasladar a sus funcionarios, por necesidades de servicio o funcionales, a unidades, departamentos u organismos públicos o entidades distintos a los de su destino, respetando sus retribuciones, condiciones esenciales de trabajo, modificando, en su caso, la adscripción de los puestos de trabajo de los que sean titulares. Cuando por motivos excepcionales los planes de ordenación de recursos impliquen cambio de lugar de residencia se dará prioridad a la voluntariedad de los traslados. Los funcionarios tendrán derecho a las indemnizaciones establecidas

reglamentariamente para los traslados forzosos.

3. En caso de urgente e inaplazable necesidad, los puestos de trabajo podrán proveerse con carácter provisional debiendo procederse a su convocatoria pública dentro del plazo que señalen las normas que sean de aplicación.

Art. 82. *Movilidad por razón de violencia de género, violencia sexual*[199] *y violencia terrorista*[200]*.*—1. Las mujeres víctimas de violencia de género que se vean obligadas a abandonar el puesto de trabajo en la localidad donde venían prestando sus servicios, para hacer efectiva su protección o el derecho a la asistencia social integral, tendrán derecho al traslado a otro puesto de trabajo propio de su cuerpo, escala o categoría profesional, de análogas características, sin necesidad de que sea vacante de necesaria cobertura. Aun así, en tales supuestos la Adminis-

---

[199] Arts. 23, 24 y 26 de la Ley Orgánica 1/2004, de 28 de diciembre, de Medidas de Protección Integral contra la Violencia de Género, Ley 4/2023, de 28 de febrero, para la igualdad real y efectiva de las personas trans y para la garantía de los derechos de las personas LGTBI, y art. 66 ter RGI.

[200] En este artículo se unifican los arts. 82 y 82 bis de la Ley 7/2007, de 12 de abril, añadido el segundo por la Ley Orgánica 9/2015, de 28 de julio.

tración pública competente estará obligada a comunicarle las vacantes ubicadas en la misma localidad o en las localidades que la interesada expresamente solicite.

Este traslado tendrá la consideración de traslado forzoso.

En las actuaciones y procedimientos relacionados con la violencia de género, se protegerá la intimidad de las víctimas, en especial, sus datos personales, los de sus descendientes y los de cualquier persona que esté bajo su guarda o custodia.

2.   Para hacer efectivo su derecho a la protección y a la asistencia social integral, los funcionarios que hayan sufrido daños físicos o psíquicos como consecuencia de la actividad terrorista, su cónyuge o persona que haya convivido con análoga relación de afectividad, y los hijos de los heridos y fallecidos, siempre que ostenten la condición de funcionarios y de víctimas del terrorismo de acuerdo con la legislación vigente, así como los funcionarios amenazados en los términos del artículo 5 de la Ley 29/2011, de 22 de septiembre, de Reconocimien-

to y Protección Integral a las Víctimas del Terrorismo, previo reconocimiento del Ministerio del Interior o de sentencia judicial firme, tendrán derecho al traslado a otro puesto de trabajo propio de su cuerpo, escala o categoría profesional, de análogas características, cuando la vacante sea de necesaria cobertura o, en caso contrario, dentro de la comunidad autónoma. Aun así, en tales supuestos la Administración Pública competente estará obligada a comunicarle las vacantes ubicadas en la misma localidad o en las localidades que el interesado expresamente solicite.

Este traslado tendrá la consideración de traslado forzoso.

En todo caso este derecho podrá ser ejercitado en tanto resulte necesario para la protección y asistencia social integral de la persona a la que se concede, ya sea por razón de las secuelas provocadas por la acción terrorista, ya sea por la amenaza a la que se encuentra sometida, en los términos previstos reglamentariamente.

En las actuaciones y procedimientos relacionados con

la violencia terrorista se protegerá la intimidad de las víctimas, en especial, sus datos personales, los de sus descendientes y los de cualquier persona que esté bajo su guarda o custodia.

Art. 83. *Provisión de puestos y movilidad del personal laboral.*—La provisión de puestos y movilidad del personal laboral se realizará de conformidad con lo que establezcan los convenios colectivos que sean de aplicación y, en su defecto por el sistema de provisión de puestos y movilidad del personal funcionario de carrera.

Art. 84. *La movilidad voluntaria entre Administraciones Públicas.*—1. Con el fin de lograr un mejor aprovechamiento de los recursos humanos, que garantice la eficacia del servicio que se preste a los ciudadanos, la Administración General del Estado y las comunidades autónomas y las entidades locales establecerán medidas de movilidad interadministrativa, preferentemente mediante convenio

de Conferencia Sectorial u otros instrumentos de colaboración.

2. La Conferencia Sectorial de Administración Pública podrá aprobar los criterios generales a tener en cuenta para llevar a cabo las homologaciones necesarias para hacer posible la movilidad.

3. Los funcionarios de carrera que obtengan destino en otra Administración Pública a través de los procedimientos de movilidad quedarán respecto de su Administración de origen en la situación administrativa de servicio en otras Administraciones Públicas[201]. En los supuestos de remoción o supresión del puesto de trabajo obtenido por concurso, permanecerán en la Administración de destino, que deberá asignarles un puesto de trabajo conforme a los sistemas de carrera y provisión de puestos vigentes en dicha Administración.

En el supuesto de cese del puesto obtenido por libre designación, la Administración de destino, en el plazo máximo de un mes a contar desde el día siguiente al del cese, po-

---

[201] Arts. 85.*c*) y 88 de esta Ley.

drá acordar la adscripción del funcionario a otro puesto de la misma o le comunicará que no va a hacer efectiva dicha adscripción. En todo caso, durante este período se entenderá que continúa a todos los efectos en servicio activo en dicha Administración.

Transcurrido el plazo citado sin que se hubiera acordado su adscripción a otro puesto, o recibida la comunicación de que la misma no va a hacerse efectiva, el funcionario deberá solicitar en el plazo máximo de un mes el reingreso al servicio activo en su Administración de origen, la cual deberá asignarle un puesto de trabajo conforme a los sistemas de carrera y provisión de puestos vigentes en dicha Administración, con efectos económicos y administrativos desde la fecha en que se hubiera solicitado el reingreso.

De no solicitarse el reingreso al servicio activo en el plazo indicado será declarado de oficio en situación de excedencia voluntaria por interés particular, con efectos desde el día siguiente a que hubiesen cesado en el servicio activo en la Administración de destino.

TÍTULO VI

Situaciones administrativas[202]

Art. 85. *Situaciones administrativas de los funcionarios de carrera.*—1. Los funcionarios de carrera se hallarán en alguna de las siguientes situaciones:

a) Servicio activo.
b) Servicios especiales.
c) Servicio en otras Administraciones Públicas.
d) Excedencia.
e) Suspensión de funciones.

2. Las leyes de Función Pública que se dicten en desarrollo de este Estatuto podrán

---

[202] Para este título, téngase en cuenta el Reglamento de situaciones administrativas de los funcionarios civiles de la Administración General del Estado, aprobado por Real Decreto 365/1995, de 10 de marzo, vigente en todo lo que no se oponga a esta Ley. Véase el art. 140 TRRL.

regular otras situaciones administrativas de los funcionarios de carrera, en los supuestos, en las condiciones y con los efectos que en las mismas se determinen, cuando concurra, entre otras, alguna de las circunstancias siguientes:

a) Cuando por razones organizativas, de reestructuración interna o exceso de personal, resulte una imposibilidad transitoria de asignar un puesto de trabajo o la conveniencia de incentivar la cesación en el servicio activo.

b) Cuando los funcionarios accedan, bien por promoción interna[203] o por otros sistemas de acceso, a otros cuerpos o escalas y no les corresponda quedar en alguna de las situaciones previstas en este Estatuto, y cuando pasen a prestar servicios en organismos o entidades del sector público en régimen distinto al de funcionario de carrera.

Dicha regulación, según la situación administrativa de que se trate, podrá conllevar garantías de índole retributiva o imponer derechos u obligaciones en relación con el reingreso al servicio activo.

Art. 86.   *Servicio activo.—*
1.   Se hallarán en situación de servicio activo quienes, conforme a la normativa de función pública dictada en desarrollo del presente Estatuto, presten servicios en su condición de funcionarios públicos cualquiera que sea la Administración u organismo público o entidad en el que se encuentren destinados y no les corresponda quedar en otra situación.

2.   Los funcionarios de carrera en situación de servicio activo gozan de todos los derechos inherentes a su condición de funcionarios y quedan sujetos a los deberes y responsabilidades derivados de la misma. Se regirán por las normas de este Estatuto y por la normativa de función pública de la Administración Pública en que presten servicios.

Art. 87.   *Servicios especiales.—*1.   Los funcionarios de carrera serán declarados en situación de servicios especiales:

a) Cuando sean designados miembros del Gobierno o de los órganos de gobier-

---

[203] Art. 18 de esta Ley.

no de las comunidades au-
tónomas y ciudades de Ceuta
y Melilla, miembros de las
Instituciones de la Unión Europea o de las organizaciones
internacionales, o sean nombrados altos cargos de las citadas Administraciones Públicas o Instituciones.

b) Cuando sean autoriza-
dos para realizar una misión
por período determinado superior a seis meses en organismos internacionales, gobiernos
o entidades públicas extranjeras o en programas de cooperación internacional.

c) Cuando sean nombra-
dos para desempeñar puestos
o cargos en organismos públicos o entidades, dependientes
o vinculados a las Administraciones Públicas que, de conformidad con lo que establezca la respectiva Administración
Pública, estén asimilados en
su rango administrativo a altos cargos.

d) Cuando sean adscritos
a los servicios del Tribunal
Constitucional o del Defensor
del Pueblo o destinados al Tribunal de Cuentas en los términos previstos en el artículo 93.3 de la Ley 7/1988, de 5
de abril, de Funcionamiento del Tribunal de Cuentas.

e) Cuando accedan a la
condición de Diputado o Se-
nador de las Cortes Generales
o miembros de las asambleas
legislativas de las comunidades autónomas si perciben
retribuciones periódicas por
la realización de la función.
Aquellos que pierdan dicha
condición por disolución de
las correspondientes cámaras
o terminación del mandato de
las mismas podrán permanecer en la situación de servicios
especiales hasta su nueva
constitución.

f) Cuando se desempe-
ñen cargos electivos retribuidos y de dedicación exclusiva
en las Asambleas de las ciudades de Ceuta y Melilla y en
las entidades locales, cuando
se desempeñen responsabilidades de órganos superiores
y directivos municipales y
cuando se desempeñen res-
ponsabilidades de miembros
de los órganos locales para el
conocimiento y la resolución
de las reclamaciones económico-administrativas.

g) Cuando sean designados para formar parte del
Consejo General del Poder
Judicial o de los consejos de
justicia de las comunidades
autónomas.

h)   Cuando sean elegidos o designados para formar parte de los Órganos Constitucionales o de los órganos estatutarios de las comunidades autónomas u otros cuya elección corresponda al Congreso de los Diputados, al Senado o a las asambleas legislativas de las comunidades autónomas.

i)   Cuando sean designados como personal eventual por ocupar puestos de trabajo con funciones expresamente calificadas como de confianza o asesoramiento político y no opten por permanecer en la situación de servicio activo.

j)   Cuando adquieran la condición de funcionarios al servicio de organizaciones internacionales.

k)   Cuando sean designados asesores de los grupos parlamentarios de las Cortes Generales o de las asambleas legislativas de las comunidades autónomas.

l)   Cuando sean activados como reservistas voluntarios para prestar servicios en las Fuerzas Armadas.

2.   Quienes se encuentren en situación de servicios especiales percibirán las retribuciones del puesto o cargo que desempeñen y no las que les correspondan como funcionarios de carrera, sin perjuicio del derecho a percibir los trienios que tengan reconocidos en cada momento. El tiempo que permanezcan en tal situación se les computará a efectos de ascensos, reconocimiento de trienios, promoción interna y derechos en el régimen de Seguridad Social que les sea de aplicación. No será de aplicación a los funcionarios públicos que, habiendo ingresado al servicio de las instituciones comunitarias europeas, o al de entidades y organismos asimilados, ejerciten el derecho de transferencia establecido en el estatuto de los funcionarios de las Comunidades Europeas.

3.   Quienes se encuentren en situación de servicios especiales tendrán derecho, al menos, a reingresar al servicio activo en la misma localidad, en las condiciones y con las retribuciones correspondientes a la categoría, nivel o escalón de la carrera consolidados, de acuerdo con el sistema de carrera administrativa vigente en la Administración Pública a la que pertenezcan. Tendrán, asimismo, los derechos

que cada Administración Pública pueda establecer en función del cargo que haya originado el pase a la mencionada situación. En este sentido, las Administraciones Públicas velarán para que no haya menoscabo en el derecho a la carrera profesional de los funcionarios públicos que hayan sido nombrados altos cargos, miembros del Poder Judicial o de otros órganos constitucionales o estatutarios o que hayan sido elegidos alcaldes, retribuidos y con dedicación exclusiva, presidentes de diputaciones o de cabildos o consejos insulares, Diputados o Senadores de las Cortes Generales y miembros de las asambleas legislativas de las comunidades autónomas. Como mínimo, estos funcionarios recibirán el mismo tratamiento en la consolidación del grado y conjunto de complementos que el que se establezca para quienes hayan sido directores generales y otros cargos superiores de la correspondiente Administración Pública.

4. La declaración de esta situación procederá en todo caso, en los supuestos que se determinen en el presente Estatuto y en las leyes de Fun-

ción Pública que se dicten en desarrollo del mismo.

Art. 88.   *Servicio en otras Administraciones Públicas.—*
1. Los funcionarios de carrera que, en virtud de los procesos de transferencias o por los procedimientos de provisión de puestos de trabajo, obtengan destino en una Administración Pública distinta, serán declarados en la situación de servicio en otras Administraciones Públicas. Se mantendrán en esa situación en el caso de que por disposición legal de la Administración a la que acceden se integren como personal propio de esta.

2. Los funcionarios transferidos a las comunidades autónomas se integran plenamente en la organización de la Función Pública de las mismas, hallándose en la situación de servicio activo en la Función Pública de la comunidad autónoma en la que se integran.

Las comunidades autónomas al proceder a esta integración de los funcionarios transferidos como funcionarios propios, respetarán el Grupo o Subgrupo del cuerpo o escala de procedencia, así como los derechos económicos inherentes a la posición en la carrera que tuviesen reconocido.

Los funcionarios transferidos mantienen todos sus derechos en la Administración Pública de origen como si se hallaran en servicio activo de acuerdo con lo establecido en los respectivos Estatutos de Autonomía.

Se reconoce la igualdad entre todos los funcionarios propios de las comunidades autónomas con independencia de su Administración de procedencia.

3.   Los funcionarios de carrera en la situación de servicio en otras Administraciones Públicas que se encuentren en dicha situación por haber obtenido un puesto de trabajo mediante los sistemas de provisión previstos en este Estatuto, se rigen por la legislación de la Administración en la que estén destinados de forma efectiva y conservan su condición de funcionario de la Administración de origen y el derecho a participar en las convocatorias para la provisión de puestos de trabajo que se efectúen por esta última. El tiempo de servicio en la Administración Pública en la que estén destinados se les computará como de servicio activo en su cuerpo o escala de origen.

4.   Los funcionarios que reingresen al servicio activo en la Administración de origen, procedentes de la situación de servicio en otras Administraciones Públicas, obtendrán el reconocimiento profesional de los progresos alcanzados en el sistema de carrera profesional y sus efectos sobre la posición retributiva conforme al procedimiento previsto en los convenios de Conferencia Sectorial y demás instrumentos de colaboración que establecen medidas de movilidad interadministrativa, previstos en el artículo 84 del presente Estatuto. En defecto de tales convenios o instrumentos de colaboración, el reconocimiento se realizará por la Administración Pública en la que se produzca el reingreso.

Art. 89.   *Excedencia*[204].—
1.   La excedencia de los fun-

---

[204] Téngase en cuenta la vigencia del último párrafo de los apartados 5, 6 y 7 del art. 29 LMRFP.

cionarios de carrera podrá adoptar las siguientes modalidades:

a) Excedencia voluntaria por interés particular.

b) Excedencia voluntaria por agrupación familiar.

c) Excedencia por cuidado de familiares.

d) Excedencia por razón de violencia de género[205].

e) Excedencia por razón de violencia terrorista.

2. Los funcionarios de carrera podrán obtener la excedencia voluntaria por interés particular cuando hayan prestado servicios efectivos en cualquiera de las Administraciones Públicas durante un período mínimo de cinco años inmediatamente anteriores.

No obstante, las leyes de Función Pública que se dicten en desarrollo del presente Estatuto podrán establecer una duración menor del período de prestación de servicios exigido para que el funcionario de carrera pueda solicitar la excedencia y se determinarán los períodos mínimos de permanencia en la misma.

La concesión de excedencia voluntaria por interés particular quedará subordinada a las necesidades del servicio debidamente motivadas. No podrá declararse cuando al funcionario público se le instruya expediente disciplinario.

Procederá declarar de oficio la excedencia voluntaria por interés particular cuando finalizada la causa que determinó el pase a una situación distinta a la de servicio activo, se incumpla la obligación de solicitar el reingreso al servicio activo en el plazo en que se determine reglamentariamente.

Quienes se encuentren en situación de excedencia por interés particular no devengarán retribuciones, ni les será computable el tiempo que permanezcan en tal situación a efectos de ascensos, trienios y derechos en el régimen de Seguridad Social que les sea de aplicación.

3. Podrá concederse la excedencia voluntaria por agrupación familiar sin el requisito de haber prestado servicios

---

[205] Art. 24 de la Ley Orgánica 1/2004, de 28 de diciembre, de Medidas de Protección Integral contra la Violencia de Género y apartado 5 de este artículo.

efectivos en cualquiera de las Administraciones Públicas durante el período establecido a los funcionarios cuyo cónyuge resida en otra localidad por haber obtenido y estar desempeñando un puesto de trabajo de carácter definitivo como funcionario de carrera o como laboral fijo en cualquiera de las Administraciones Públicas, organismos públicos y entidades de derecho público dependientes o vinculados a ellas, en los Órganos Constitucionales o del Poder Judicial y órganos similares de las comunidades autónomas, así como en la Unión Europea o en organizaciones internacionales.

Quienes se encuentren en situación de excedencia voluntaria por agrupación familiar no devengarán retribuciones, ni les será computable el tiempo que permanezcan en tal situación a efectos de ascensos, trienios y derechos en el régimen de Seguridad Social que les sea de aplicación.

4. Los funcionarios de carrera tendrán derecho a un período de excedencia de duración no superior a tres años para atender al cuidado de cada hijo, tanto cuando lo sea por naturaleza como por adopción, o de cada menor sujeto a guarda con fines de adopción o acogimiento permanente, a contar desde la fecha de nacimiento o, en su caso, de la resolución judicial o administrativa.

También tendrán derecho a un período de excedencia de duración no superior a tres años, para atender al cuidado de un familiar que se encuentre a su cargo, hasta el segundo grado inclusive de consanguinidad o afinidad que por razones de edad, accidente, enfermedad o discapacidad no pueda valerse por sí mismo y no desempeñe actividad retribuida.

El período de excedencia será único por cada sujeto causante. Cuando un nuevo sujeto causante diera origen a una nueva excedencia, el inicio del período de la misma pondrá fin al que se viniera disfrutando.

En el caso de que dos funcionarios generasen el derecho a disfrutarla por el mismo sujeto causante, la Administración podrá limitar su ejercicio simultáneo por razones justificadas relacionadas con el funcionamiento de los servicios.

El tiempo de permanencia en esta situación será computable a efectos de trienios, carrera y derechos en el régimen de Seguridad Social que sea de aplicación. El puesto de trabajo desempeñado se reservará, al menos, durante dos años. Transcurrido este período, dicha reserva lo será a un puesto en la misma localidad y de igual retribución.

Los funcionarios en esta situación podrán participar en los cursos de formación que convoque la Administración.

5. Las funcionarias víctimas de violencia de género, para hacer efectiva su protección o su derecho a la asistencia social integral, tendrán derecho a solicitar la situación de excedencia sin tener que haber prestado un tiempo mínimo de servicios previos y sin que sea exigible plazo de permanencia en la misma.

Durante los seis primeros meses tendrán derecho a la reserva del puesto de trabajo que desempeñarán, siendo computable dicho período a efectos de antigüedad, carrera y derechos del régimen de Seguridad Social sea de aplicación.

Cuando las actuaciones judiciales lo exigieran se podrá prorrogar este periodo por tres meses, con un máximo de dieciocho, con idénticos efectos a los señalados anteriormente, a fin de garantizar la efectividad del derecho de protección de la víctima.

Durante los dos primeros meses de esta excedencia la funcionaria tendrá derecho a percibir las retribuciones íntegras y, en su caso, las prestaciones familiares por hijo a cargo.

6. Los funcionarios que hayan sufrido daños físicos o psíquicos como consecuencia de la actividad terrorista, así como los amenazados en los términos del artículo 5 de la Ley 29/2011, de 22 de septiembre, de Reconocimiento y Protección Integral a las Víctimas del Terrorismo, previo reconocimiento del Ministerio del Interior o de sentencia judicial firme, tendrán derecho a disfrutar de un período de excedencia en las mismas condiciones que las víctimas de violencia de género.

Dicha excedencia será autorizada y mantenida en el tiempo en tanto que resulte necesaria para la protección y asistencia social integral de la persona a la que se concede, ya sea por razón de las secuelas provocadas por la acción terrorista, ya sea por la amenaza a la que se encuentra sometida, en los términos previstos reglamentariamente.

Art. 90. *Suspensión de funciones*[206].—1. El funcionario declarado en la situación de suspensión quedará privado durante el tiempo de permanencia en la misma del ejercicio de sus funciones y de todos los derechos inherentes a la condición. La suspensión determinará la pérdida del puesto de trabajo cuando exceda de seis meses.

2. La suspensión firme se impondrá en virtud de sentencia dictada en causa criminal o en virtud de sanción disciplinaria. La suspensión firme por sanción disciplinaria no podrá exceder de seis años.

3. El funcionario declarado en la situación de suspensión de funciones no podrá prestar servicios en ningu-na Administración Pública ni en los organismos públicos, agencias, o entidades de derecho público dependientes o vinculadas a ellas durante el tiempo de cumplimiento de la pena o sanción.

4. Podrá acordarse la suspensión de funciones con carácter provisional con ocasión de la tramitación de un procedimiento judicial o expediente disciplinario, en los términos establecidos en este Estatuto.

Art. 91. *Reingreso al servicio activo.*—Reglamentariamente se regularán los plazos, procedimientos y condiciones, según las situaciones administrativas de procedencia, para solicitar el reingreso al servicio activo de los funcionarios de carrera, con respeto al derecho a la reserva del puesto de trabajo en los casos en que proceda conforme al presente Estatuto.

Art. 92. *Situaciones del personal laboral*[207].—El personal laboral se regirá por el Es-

---

[206] Arts. 96.1.*c*) y 98.3 y 4 de esta Ley.
[207] Arts. 45 y 46 del Texto Refundido de la Ley del Estatuto de los Trabajadores, aprobado por Real Decreto Legislativo 2/2015, de 23 de octubre.

tatuto de los Trabajadores y por los Convenios Colectivos que les sean de aplicación.

Los convenios colectivos podrán determinar la aplicación de este capítulo al personal incluido en su ámbito de aplicación en lo que resulte compatible con el Estatuto de los Trabajadores.

TÍTULO VII

Régimen disciplinario[208]

Art. 93. *Responsabilidad disciplinaria.*—1. Los funcionarios públicos y el personal laboral quedan sujetos al régimen disciplinario establecido en el presente título y en las normas que las leyes de Función Pública dicten en desarrollo de este Estatuto.

2. Los funcionarios públicos o el personal laboral que indujeren a otros a la realización de actos o conductas constitutivos de falta disciplinaria incurrirán en la misma responsabilidad que estos.

3. Igualmente, incurrirán en responsabilidad los funcionarios públicos o personal laboral que encubrieren las faltas consumadas muy graves o graves, cuando de dichos actos se derive daño grave para la Administración o los ciudadanos.

4. El régimen disciplinario del personal laboral se regirá, en lo no previsto en el presente título, por la legislación laboral.

Art. 94. *Ejercicio de la potestad disciplinaria.*—1. Las Administraciones Públicas corregirán disciplinariamente las infracciones del personal a su servicio señalado en el artículo anterior cometidas en el ejercicio de sus funciones y cargos, sin perjuicio de la responsabilidad patrimonial o

---

[208] Para este título, téngase en cuenta el Reglamento de régimen disciplinario de los funcionarios de la Administración del Estado, aprobado por Real Decreto 33/1986, de 10 de enero, vigente en todo lo que no se oponga a esta Ley. Véanse los arts. 81.3 LFCE y 146 a 152 TRRL. En cuanto al personal laboral, véase el art. 58 del Texto Refundido de la Ley del Estatuto de los Trabajadores, aprobado por Real Decreto Legislativo 2/2015, de 23 de octubre.

penal que pudiera derivarse de tales infracciones.

2. La potestad disciplinaria se ejercerá de acuerdo con los siguientes principios:

a) Principio de legalidad y tipicidad de las faltas y sanciones, a través de la predeterminación normativa o, en el caso del personal laboral, de los convenios colectivos[209].

b) Principio de irretroactividad de las disposiciones sancionadoras no favorables y de retroactividad de las favorables al presunto infractor[210].

c) Principio de proporcionalidad, aplicable tanto a la clasificación de las infracciones y sanciones como a su aplicación[211].

d) Principio de culpabilidad[212].

e) Principio de presunción de inocencia[213].

3. Cuando de la instrucción de un procedimiento disciplinario resulte la existencia de indicios fundados de criminalidad, se suspenderá su tramitación poniéndolo en conocimiento del Ministerio Fiscal.

Los hechos declarados probados por resoluciones judiciales firmes vinculan a la Administración.

Art. 95. *Faltas disciplinarias.*—1. Las faltas disciplinarias pueden ser muy graves, graves y leves.

2. Son faltas muy graves[214]:

a) El incumplimiento del deber de respeto a la Constitución y a los respectivos Estatutos de Autonomía de las comunidades autónomas y ciudades de Ceuta y Melilla, en el ejercicio de la función pública[215].

b) Toda actuación que suponga discriminación por razón de origen racial o étnico, religión o convicciones, discapacidad, edad, orientación sexual, identidad sexual, ca-

---

[209] Art. 25 CE. Véanse arts. 25.1, 2 y 3, y 27 LRJSP.
[210] Art. 9.°3 CE. Véanse arts. 25.3 y 26 LRJSP.
[211] Véanse arts. 25.3 y 29 LRJSP.
[212] Véanse arts. 25.3 y 28 LRJSP.
[213] Art. 24.2 CE.
[214] Aplicado por el Real Decreto-ley 4/2013, de 22 de febrero, de medidas de apoyo al emprendedor y de estímulo del crecimiento y de la creación de empleo: considera falta muy grave de los empleados públicos el incumplimiento de lo dispuesto en su art. 23.
[215] Arts. 53.1 y 63.1.*c)* de esta Ley.

racterísticas sexuales, lengua, opinión, lugar de nacimiento o vecindad, sexo o cualquier otra condición o circunstancia personal o social, así como el acoso por razón de sexo, origen racial o étnico, religión o convicciones, discapacidad, edad, orientación sexual, expresión de género, características sexuales, y el acoso moral y sexual[216].

c) El abandono del servicio, así como no hacerse cargo voluntariamente de las tareas o funciones que tienen encomendadas[217].

d) La adopción de acuerdos manifiestamente ilegales que causen perjuicio grave a la Administración o a los ciudadanos[218].

e) La publicación o utilización indebida de la documentación o información a que tengan o hayan tenido acceso por razón de su cargo o función[219].

f) La negligencia en la custodia de secretos oficiales, declarados así por Ley o clasificados como tales, que sea causa de su publicación o que provoque su difusión o conocimiento indebido[220].

g) El notorio incumplimiento de las funciones esenciales inherentes al puesto de trabajo o funciones encomendadas.

h) La violación de la imparcialidad, utilizando las facultades atribuidas para influir en procesos electorales de cualquier naturaleza y ámbito[221].

i) La desobediencia abierta a las órdenes o instrucciones de un superior, salvo que constituyan infracción manifiesta del Ordenamiento jurídico[222].

---

[216] Arts. 14, 15 y 18 CE; 14.*h)* e *i)*, 53.4 y 95.2.*b)*) y *o)* de esta Ley, y 314 del Código Penal. Véase la Ley Orgánica 3/2007, de 22 de marzo, para la igualdad efectiva de mujeres y hombres y Ley 4/2023, de 28 de febrero, para la igualdad real y efectiva de las personas trans y para la garantía de los derechos de las personas LGTBI.

[217] Arts. 407 a 409 del Código Penal.

[218] Arts. 404 a 406 del Código Penal.

[219] Arts. 415 a 417 del Código Penal.

[220] Arts. 415 a 417 del Código Penal. Véase la Ley 9/1968, de 5 de abril, sobre Secretos Oficiales.

[221] Arts. 52 y 53.2 de esta Ley y 139 ss. de la Ley Orgánica 5/1985, de 19 de junio, del Régimen Electoral General.

[222] Art. 54.3 de esta Ley.

j) La prevalencia de la condición de empleado público para obtener un beneficio indebido para sí o para otro[223].

k) La obstaculización al ejercicio de las libertades públicas y derechos sindicales[224].

l) La realización de actos encaminados a coartar el libre ejercicio del derecho de huelga[225].

m) El incumplimiento de la obligación de atender los servicios esenciales en caso de huelga[226].

n) El incumplimiento de las normas sobre incompatibilidades cuando ello dé lugar a una situación de incompatibilidad[227].

ñ) La incomparecencia injustificada en las Comisiones de Investigación de las Cortes Generales y de las asambleas legislativas de las comunidades autónomas.

o) El acoso laboral[228].

p) También serán faltas muy graves las que queden tipificadas como tales en ley de las Cortes Generales o de la asamblea legislativa de la correspondiente comunidad autónoma o por los convenios colectivos en el caso de personal laboral.

3. Las faltas graves serán establecidas por ley de las Cortes Generales o de la asamblea legislativa de la correspondiente comunidad autónoma o por los convenios colectivos en el caso de personal laboral, atendiendo a las siguientes circunstancias:

a) El grado en que se haya vulnerado la legalidad.

b) La gravedad de los daños causados al interés público, patrimonio o bienes de la Administración o de los ciudadanos.

---

[223] Arts. 53.12 de esta Ley y 428 del Código Penal.

[224] Arts. 518 ss. y 542 del Código Penal.

[225] Art. 28.2 CE; Real Decreto-ley 17/1977, de 4 de marzo, sobre relaciones de trabajo; arts. 15.*c)* de esta Ley y 315.1 y 542 del Código Penal.

[226] Art. 28.2 CE; Real Decreto-ley 17/1977, de 4 de marzo, sobre relaciones de trabajo, y art. 15.*c)* de esta Ley.

[227] Ley 53/1984, de 26 de diciembre, de incompatibilidades del personal al servicio de las Administraciones Públicas, y Real Decreto 598/1985, de 30 de abril, sobre incompatibilidades del personal al servicio de la Administración del Estado, de la Seguridad Social y de los Entes, Organismos y Empresas dependientes.

[228] Arts. 15 CE y 14.*h)* de esta Ley.

c) El descrédito para la imagen pública de la Administración.

4. Las leyes de Función Pública que se dicten en desarrollo del presente Estatuto determinarán el régimen aplicable a las faltas leves, atendiendo a las anteriores circunstancias.

Art. 96. *Sanciones.*— 1. Por razón de las faltas cometidas podrán imponerse las siguientes sanciones:

a) Separación del servicio de los funcionarios, que en el caso de los funcionarios interinos comportará la revocación de su nombramiento, y que sólo podrá sancionar la comisión de faltas muy graves[229].

b) Despido disciplinario del personal laboral[230], que sólo podrá sancionar la comisión de faltas muy graves y comportará la inhabilitación para ser titular de un nuevo contrato de trabajo con fun-

ciones similares a las que desempeñaban.

c) Suspensión firme de funciones[231], o de empleo y sueldo en el caso del personal laboral, con una duración máxima de seis años.

d) Traslado forzoso, con o sin cambio de localidad de residencia, por el período que en cada caso se establezca.

e) Demérito, que consistirá en la penalización a efectos de carrera, promoción o movilidad voluntaria.

f) Apercibimiento.

g) Cualquier otra que se establezca por ley.

2. Procederá la readmisión del personal laboral fijo cuando sea declarado improcedente el despido acordado como consecuencia de la incoación de un expediente disciplinario por la comisión de una falta muy grave[232].

3. El alcance de cada sanción se establecerá teniendo en cuenta el grado de in-

---

[229] Art. 63.*d)* de esta Ley.

[230] Véase el apartado 2 de este artículo, así como los arts. 49.1.*k*), 54 y 55 del Texto Refundido de la Ley del Estatuto de los Trabajadores, aprobado por Real Decreto Legislativo 2/2015, de 23 de octubre.

[231] Arts. 85.1.*e*) y 90 de esta Ley.

[232] Art. 56 del Texto Refundido de la Ley del Estatuto de los Trabajadores, aprobado por Real Decreto Legislativo 2/2015, de 23 de octubre, y art. 110 de la Ley 36/2011, de 10 de octubre, reguladora de la jurisdicción social.

tencionalidad, descuido o negligencia que se revele en la conducta, el daño al interés público, la reiteración o reincidencia, así como el grado de participación.

Art. 97. *Prescripción de las faltas y sanciones.*—1. Las infracciones muy graves prescribirán a los tres años, las graves a los dos años y las leves a los seis meses; las sanciones impuestas por faltas muy graves prescribirán a los tres años, las impuestas por faltas graves a los dos años y las impuestas por faltas leves al año.

2. El plazo de prescripción de las faltas comenzará a contarse desde que se hubieran cometido, y desde el cese de su comisión cuando se trate de faltas continuadas.

El de las sanciones, desde la firmeza de la resolución sancionadora.

Art. 98. *Procedimiento disciplinario y medidas provisionales*[233].—1. No podrá imponerse sanción por la comisión de faltas muy graves o graves sino mediante el procedimiento previamente establecido.

La imposición de sanciones por faltas leves se llevará a cabo por procedimiento sumario con audiencia al interesado.

2. El procedimiento disciplinario que se establezca en el desarrollo de este Estatuto se estructurará atendiendo a los principios de eficacia, celeridad y economía procesal, con pleno respeto a los derechos y garantías de defensa del presunto responsable.

En el procedimiento quedará establecida la debida separación entre la fase instructora y la sancionadora, encomendándose a órganos distintos.

3. Cuando así esté previsto en las normas que regulen los procedimientos sancionadores, se podrá adoptar mediante resolución motivada medidas de carácter provisional que aseguren la eficacia de la resolución final que pudiera recaer.

---

[233] Título II del Reglamento de régimen disciplinario de los funcionarios de la Administración del Estado, aprobado por Real Decreto 33/1986, de 10 de enero, vigente en todo lo que no se oponga a esta Ley.

La suspensión provisional[234] como medida cautelar en la tramitación de un expediente disciplinario no podrá exceder de seis meses, salvo en caso de paralización del procedimiento imputable al interesado. La suspensión provisional podrá acordarse también durante la tramitación de un procedimiento judicial, y se mantendrá por el tiempo a que se extienda la prisión provisional u otras medidas decretadas por el juez que determinen la imposibilidad de desempeñar el puesto de trabajo. En este caso, si la suspensión provisional excediera de seis meses no supondrá pérdida del puesto de trabajo.

El funcionario suspenso provisional tendrá derecho a percibir durante la suspensión las retribuciones básicas y, en su caso, las prestaciones familiares por hijo a cargo.

4. Cuando la suspensión provisional se eleve a definitiva, el funcionario deberá devolver lo percibido durante el tiempo de duración de aquella. Si la suspensión provisional no llegara a convertirse en sanción definitiva, la Administración deberá restituir al funcionario la diferencia entre los haberes realmente percibidos y los que hubiera debido percibir si se hubiera encontrado con plenitud de derechos.

El tiempo de permanencia en suspensión provisional será de abono para el cumplimiento de la suspensión firme.

Cuando la suspensión no sea declarada firme, el tiempo de duración de la misma se computará como de servicio activo, debiendo acordarse la inmediata reincorporación del funcionario a su puesto de trabajo, con reconocimiento de todos los derechos económicos y demás que procedan desde la fecha de suspensión.

---

[234] Art. 90.4 de esta Ley.

TÍTULO VIII

Cooperación entre las Administraciones Públicas[235]

Art. 99. *Relaciones de cooperación entre las Administraciones Públicas.*—Las Administraciones Públicas actuarán y se relacionarán entre sí en las materias objeto de este Estatuto de acuerdo con los principios de cooperación y colaboración, respetando, en todo caso, el ejercicio legítimo por las otras Administraciones de sus competencias.

Art. 100. *Órganos de cooperación.*—1. La Conferencia Sectorial de Administración Pública, como órgano de cooperación en materia de administración pública de la Administración General del Estado, de las Administraciones de las comunidades autónomas, de las ciudades de Ceuta y Melilla, y de la Administración Local, cuyos representantes serán designados por la Federación Española de Municipios y Provincias, como asociación de entidades locales de ámbito estatal con mayor implantación, sin perjuicio de la competencia de otras Conferencias Sectoriales u órganos equivalentes, atenderá en su funcionamiento y organización a lo establecido en la vigente legislación sobre régimen jurídico de las Administraciones Públicas.

2. Se crea la Comisión de Coordinación del Empleo Público como órgano técnico y de trabajo dependiente de la Conferencia Sectorial de Administración Pública. En esta Comisión se hará efectiva la coordinación de la política de personal entre la Administración General del Estado, las Administraciones de las comunidades autónomas y de las ciudades de Ceuta y Melilla, y las entidades locales y en concreto le corresponde:

a) Impulsar las actuaciones necesarias para garantizar la efectividad de los principios constitucionales en el acceso al empleo público.

[235] Arts. 1.°3.*l*) de esta Ley; 103.1 CE; 3.1.*k*), 140.1.*d*) y 143 y ss. LRJSP y 10.1, 55, 117 y 118.1.A).*a*) LRBRL.

b) Estudiar y analizar los proyectos de legislación básica en materia de empleo público, así como emitir informe sobre cualquier otro proyecto normativo que las Administraciones Públicas le presenten.

c) Elaborar estudios e informes sobre el empleo público. Dichos estudios e informes se remitirán a las organizaciones sindicales presentes en la Mesa General de Negociación de las Administraciones Públicas.

3. Componen la Comisión de Coordinación del Empleo Público los titulares de aquellos órganos directivos de la política de recursos humanos de la Administración General del Estado, de las Administraciones de las comunidades autónomas y de las ciudades de Ceuta y Melilla, y los representantes de la Administración Local designados por la Federación Española de Municipios y Provincias, como asociación de entidades locales de ámbito estatal con mayor implantación, en los términos que se determinen reglamentariamente, previa consulta con las comunidades autónomas.

4. La Comisión de Coordinación del Empleo Público elaborará sus propias normas de organización y funcionamiento.

DISPOSICIONES ADICIONALES[236]

1.ª *Ámbito específico de aplicación.*—Los principios contenidos en los artículos 52, 53, 54, 55 y 59 serán de aplicación en las entidades del sector público estatal, autonómico y local, que no estén incluidas en el artículo 2 del presente Estatuto y que estén definidas así en su normativa específica.

2.ª *Aplicación de las disposiciones de este Estatuto a las Instituciones Forales.*— 1. El presente Estatuto se aplicará a la Comunidad Foral de Navarra en los térmi-

---

[236] Al desaparecer la Disp. Adic. 2.ª de la Ley 7/2007, de 12 de abril, por derogación debida a la Ley 27/2013, de 27 de diciembre, se genera una renumeración en las Disps. Adics. del presente Estatuto.

nos establecidos en el artículo 149.1.18.ª y disposición adicional primera de la Constitución, y en la Ley Orgánica 13/1982, de 10 de agosto, de Reintegración y Amejoramiento del Régimen Foral de Navarra.

2. En el ámbito de la Comunidad Autónoma del País Vasco el presente Estatuto se aplicará de conformidad con la disposición adicional primera de la Constitución, con el artículo 149.1.18.ª de la Constitución y con la Ley Orgánica 3/1979, de 18 de diciembre, por la que se aprueba el Estatuto de Autonomía para el País Vasco. Las facultades previstas en el artículo 92 bis de la Ley 7/1985, de 7 de abril[237], respecto a los funcionarios con habilitación de carácter nacional serán ostentadas por las Instituciones Forales de sus territorios históricos o por las Instituciones Comunes de la Comunidad Autónoma, en los términos que establezca la normativa autonómica.

3.ª *Funcionarios públicos propios de las ciudades de Ceuta y Melilla*[238].—1. Los funcionarios públicos propios de las administraciones de las ciudades de Ceuta y Melilla se rigen por lo dispuesto en este Estatuto, por las normas de carácter reglamentario que en su desarrollo puedan aprobar sus Asambleas en el marco de sus estatutos respectivos, por las normas que en su desarrollo pueda dictar el Estado y por la Ley de Función Pública de la Administración General del Estado.

2. En el marco de lo previsto en el número anterior, las Asambleas de Ceuta y Melilla tendrán, además, las siguientes funciones:

a) El establecimiento, modificación y supresión de Escalas, Subescalas y clases de funcionarios, y la clasificación de los mismos.

b) La aprobación de las plantillas y relaciones de puestos de trabajo.

c) La regulación del procedimiento de provisión de pues-

---

[237] Esta referencia sustituye a la que efectuaba la Ley 7/2007, de 12 de abril, que remitía a su derogada Disp. Adic. 2.ª

[238] Art. 31 y Disp. Adic. 4.ª de la Ley Orgánica 1/1995, de 13 de marzo, Estatuto de Autonomía para Ceuta, y art. 31 y Disp. Adic. 4.ª de la Ley Orgánica 2/1995, de 13 de marzo, Estatuto de Autonomía para Melilla.

tos directivos así como su régimen de permanencia y cese.

d) La determinación de las faltas y sanciones disciplinarias leves.

3. Los funcionarios transferidos se regirán por la Ley de Función Pública de la Administración General del Estado y sus normas de desarrollo. No obstante, podrán integrarse como funcionarios propios de la ciudad a la que hayan sido transferidos quedando en la situación administrativa de servicio en otras administraciones públicas.

4.ª *Aplicación de este Estatuto a las autoridades administrativas independientes de ámbito estatal.*—Lo establecido en el presente Estatuto se aplicará a las autoridades administrativas independientes del ámbito estatal, Entidades de Derecho Público reguladas en los artículos 109 y 110 de la Ley 40/2015, de 1 de octubre, de Régimen Jurídico del Sector Público[239], en la forma prevista en sus leyes de creación.

5.ª *Jubilación de los funcionarios*[240].—El Gobierno presentará en el Congreso de los Diputados un estudio sobre los distintos regímenes de acceso a la jubilación de los funcionarios que contenga, entre otros aspectos, recomendaciones para asegurar la no discriminación entre colectivos con características similares y la conveniencia de ampliar la posibilidad de acceder a la jubilación anticipada de determinados colectivos.

---

[239] Esta referencia sustituye a la que efectuaba la Ley 7/2007, de 12 de abril, que remitía a la Disp. Adic. 10.ª1 de la Ley 6/1997, de 14 de abril.

[240] Arts. 14.*k*), 63.*c*) y 67 de esta Ley, 39.4 LFCE y 139 TRRL. Véase el Texto Refundido de la Ley General de la Seguridad Social, aprobado por Real Decreto Legislativo 8/2015, de 30 de octubre; el Texto Refundido de la Ley sobre Seguridad Social de los Funcionarios Civiles del Estado, aprobado por Real Decreto Legislativo 4/2000, de 23 de junio; el Texto Refundido de Ley de Clases Pasivas del Estado, aprobado por Real Decreto Legislativo 670/1987, de 30 de abril; el Real Decreto 172/1988, de 22 de febrero, sobre procedimientos de jubilación y concesión de pensiones de jubilación de los Funcionarios Civiles del Estado, y el Real Decreto 480/1993, de 2 de abril, por el que se integra en el Régimen General de la Seguridad Social el Régimen Especial de los Funcionarios de la Administración Local.

6.ª *Otras agrupaciones profesionales sin requisito de titulación.*—1. Además de los Grupos clasificatorios establecidos en el artículo 76 del presente Estatuto, las Administraciones Públicas podrán establecer otras agrupaciones diferentes de las enunciadas anteriormente, para cuyo acceso no se exija estar en posesión de ninguna de las titulaciones previstas en el sistema educativo.

2. Los funcionarios que pertenezcan a estas agrupaciones cuando reúnan la titulación exigida podrán promocionar de acuerdo con lo establecido en el artículo 18 de este Estatuto.

7.ª *Planes de igualdad*[241].— 1. Las Administraciones Públicas están obligadas a respetar la igualdad de trato y de oportunidades en el ámbito laboral y, con esta finalidad, deberán adoptar medidas dirigidas a evitar cualquier tipo de discriminación laboral entre mujeres y hombres.

2. Sin perjuicio de lo dispuesto en el apartado anterior, las Administraciones Públicas aprobarán, al inicio de cada legislatura, un Plan para la Igualdad entre mujeres y hombres para sus respectivos ámbitos, a desarrollar en el convenio colectivo o acuerdo de condiciones de trabajo del personal funcionario que sea aplicable, en los términos previstos en el mismo.

El Plan establecerá los objetivos a alcanzar en materia de promoción de la igualdad de trato y oportunidades en el empleo público, así como las estrategias o medidas a adoptar para su consecución. El Plan será objeto de negociación, y en su caso acuerdo con la representación legal de los empleados públicos en la forma que se determine en la legislación sobre negociación colectiva en la Administración Pública y su cumplimiento será evaluado con carácter anual.

3. En el plazo de 3 meses se creará un Registro de Planes de Igualdad, adscrito al departamento con competencias en materia de función pública, al que deberán remitir

---

[241] Véase la Ley Orgánica 3/2007, de 22 de marzo, para la igualdad efectiva de mujeres y hombres, en especial su art. 64.

las distintas Administraciones públicas sus planes de igualdad, así como sus protocolos que permitan proteger a las víctimas de acoso sexual y por razón de sexo, para un mejor conocimiento, seguimiento y trasparencia de las medidas a adoptar por todas las Administraciones Públicas en esta materia.

8.ª Los funcionarios de carrera[242] tendrán garantizados los derechos económicos alcanzados o reconocidos en el marco de los sistemas de carrera profesional establecidos por las leyes de cada Administración Pública.

9.ª La carrera profesional[243] de los funcionarios de carrera se iniciará en el grado, nivel, categoría, escalón y otros conceptos análogos correspondientes a la plaza inicialmente asignada al funcionario tras la superación del correspondiente proceso selectivo, que tendrán la consideración de mínimos. A partir de aquellos, se producirán los ascensos que procedan se-

gún la modalidad de carrera aplicable en cada ámbito.

10.ª *Ámbito de aplicación del artículo 87.3.*—Al personal contemplado en el artículo 4 de este Estatuto que sea declarado en servicios especiales o en situación administrativa análoga, se le aplicarán los derechos establecidos en el artículo 87.3 del presente Estatuto en la medida en que dicha aplicación resulte compatible con lo establecido en su legislación específica.

11.ª *Personal militar que preste servicios en la Administración civil.*—1. El personal militar de carrera podrá prestar servicios en la Administración civil en los términos que establezca cada Administración Pública en aquellos puestos de trabajo en los que se especifique esta posibilidad, y de los que resulten adjudicatarios, de acuerdo con los principios de mérito y capacidad, previa participación en la correspondiente convocatoria pública para la provisión de dichos puestos, y previo

---

[242] Art. 9.º de esta Ley.
[243] Art. 14.*c*), 16, 17.4, 19, 24.*a*) y 37.2.*e*) de esta Ley.

cumplimiento de los requisitos que, en su caso, se puedan establecer para este fin por el Ministerio de Defensa.

2. Al personal militar que preste servicios en la Administración civil le será de aplicación la normativa propia de la misma en materia de jornada y horario de trabajo; vacaciones, permisos y licencias; y régimen disciplinario, si bien la sanción de separación del servicio sólo podrá imponerse por el Ministro de Defensa.

No les será de aplicación lo previsto para promoción interna, carrera administrativa, situaciones administrativas y movilidad, sin perjuicio de que puedan participar en los procedimientos de provisión de otros puestos abiertos a este personal en la Administración civil.

Las retribuciones a percibir serán las retribuciones básicas que les correspondan en su condición de militares de carrera, y las complementarias correspondientes al puesto de trabajo desempeñado. Los posibles ascensos que puedan producirse en su carrera militar no conllevarán variación alguna en las condiciones retributivas del puesto desempeñado.

Su régimen de Seguridad Social será el que les corresponda como militares de carrera.

Cuando se produzca el cese, remoción o supresión del puesto de trabajo de la Administración civil que vinieran desempeñando, deberán reincorporarse a la Administración militar en la situación que les corresponda, sin que les sean de aplicación los criterios existentes en estos supuestos para el personal funcionario civil.

12.ª *Mesas de negociación en ámbitos específicos.—* 1. Para la negociación de las condiciones de trabajo del personal funcionario o estatutario de sus respectivos ámbitos, se constituirán las siguientes Mesas de Negociación:

a) Del personal docente no universitario, para las cuestiones que deban ser objeto de negociación comprendidas en el ámbito competencial del Ministerio de Educación, Cultura y Deporte.

b) Del personal de la Administración de Justicia, para

las cuestiones que deban ser objeto de negociación comprendidas en el ámbito competencial del Ministerio de Justicia.

c) Del personal estatutario de los servicios de Salud, para las cuestiones que deban ser objeto de negociación comprendidas en el ámbito competencial del Ministerio de Sanidad, Servicios Sociales e Igualdad y que asumirá las competencias y funciones previstas en el artículo 11.4 del Estatuto Marco del personal estatutario de los servicios de salud. Mesa que se denominará «Ámbito de Negociación».

2. Además de la representación de la Administración General del Estado, constituirán estas Mesas de Negociación, las organizaciones sindicales a las que se refiere el párrafo segundo del artículo 33.1 de este Estatuto, cuya representación se distribuirá en función de los resultados obtenidos en las elecciones a los órganos de representación propios del personal en el ámbito específico de la negociación que en cada caso corresponda, considerados a nivel estatal.

13.ª *Permiso por asuntos particulares por antigüedad.—* Las Administraciones Públicas podrán establecer hasta dos días adicionales de permiso por asuntos particulares al cumplir el sexto trienio, incrementándose, como máximo, en un día adicional por cada trienio cumplido a partir del octavo.

14.ª *Días adicionales de vacaciones por antigüedad.—* Cada Administración Pública podrá establecer hasta un máximo de cuatro días adicionales de vacaciones en función del tiempo de servicios prestados por los funcionarios públicos.

15.ª *Registro de Órganos de Representación del Personal*[244]*.—*Las Administraciones Públicas dispondrán de un Registro de Órganos de Representación del Personal al servicio de las mismas y de sus organismos, agencias, universidades y entidades depen-

---

[244] Véase el art. 13.1 del Real Decreto-ley 20/2012, de 13 de julio, de medidas para garantizar la estabilidad presupuestaria y de fomento de la competitividad.

dientes en el que serán objeto de inscripción o anotación, al menos, los actos adoptados en su ámbito que afecten a la creación, modificación o supresión de órganos de representación del personal funcionario, estatutario o laboral, la creación, modificación o supresión de secciones sindicales, los miembros de dichos órganos y delegados sindicales. Asimismo, serán objeto de anotación los créditos horarios, sus cesiones y liberaciones sindicales que deriven de la aplicación de normas o pactos que afecten a la obligación o al régimen de asistencia al trabajo. La creación de dichos registros se ajustará a la normativa vigente en materia de protección de datos de carácter personal.

16.ª *Permiso retribuido para las funcionarias en estado de gestación.*—Cada Administración Pública, en su ámbito, podrá establecer a las funcionarias en estado de gestación, un permiso retribuido, a partir del día primero de la semana 37 de embarazo, hasta la fecha del parto.

En el supuesto de gestación múltiple, este permiso podrá iniciarse el primer día de la semana 35 de embarazo, hasta la fecha de parto.

17.ª *Medidas dirigidas al control de la temporalidad en el empleo público.*—1. Las Administraciones Públicas serán responsables del cumplimiento de las previsiones contenidas en la presente norma y, en especial, velarán por evitar cualquier tipo de irregularidad en la contratación laboral temporal y los nombramientos de personal funcionario interino.

Asimismo, las Administraciones Públicas promoverán, en sus ámbitos respectivos, el desarrollo de criterios de actuación que permitan asegurar el cumplimiento de esta disposición, así como una actuación coordinada de los distintos órganos con competencia en materia de personal.

2. Las actuaciones irregulares en la presente materia darán lugar a la exigencia de las responsabilidades que procedan de conformidad con la normativa vigente en cada una de las Administraciones Públicas.

3. Todo acto, pacto, acuerdo o disposición reglamenta-

ria, así como las medidas que se adopten en su cumplimiento o desarrollo, cuyo contenido directa o indirectamente suponga el incumplimiento por parte de la Administración de los plazos máximos de permanencia como personal temporal será nulo de pleno derecho.

4.   El incumplimiento del plazo máximo de permanencia dará lugar a una compensación económica para el personal funcionario interino afectado, que será equivalente a veinte días de sus retribuciones fijas por año de servicio, prorrateándose por meses los períodos de tiempo inferiores a un año, hasta un máximo de doce mensualidades. El derecho a esta compensación nacerá a partir de la fecha del cese efectivo y la cuantía estará referida exclusivamente al nombramiento del que traiga causa el incumplimiento. No habrá derecho a compensación en caso de que la finalización de la relación de servicio sea por causas disciplinarias ni por renuncia voluntaria.

5.   En el caso del personal laboral temporal, el incumplimiento de los plazos máximos de permanencia dará derecho a percibir la compensación económica prevista en este apartado, sin perjuicio de la indemnización que pudiera corresponder por vulneración de la normativa laboral específica.

Dicha compensación consistirá, en su caso, en la diferencia entre el máximo de veinte días de su salario fijo por año de servicio, con un máximo de doce mensualidades, y la indemnización que le correspondiera percibir por la extinción de su contrato, prorrateándose por meses los períodos de tiempo inferiores a un año. El derecho a esta compensación nacerá a partir de la fecha del cese efectivo, y la cuantía estará referida exclusivamente al contrato del que traiga causa el incumplimiento. En caso de que la citada indemnización fuere reconocida en vía judicial, se procederá a la compensación de cantidades.

No habrá derecho a la compensación descrita en caso de que la finalización de la relación de servicio sea por despido disciplinario declarado procedente o por renuncia voluntaria.

DISPOSICIONES TRANSITORIAS

1.ª *Garantía de derechos retributivos.*—1. El desarrollo del presente Estatuto no podrá comportar para el personal incluido en su ámbito de aplicación, la disminución de la cuantía de los derechos económicos y otros complementos retributivos inherentes al sistema de carrera vigente para los mismos en el momento de su entrada en vigor, cualquiera que sea la situación administrativa en que se encuentren.

2. Si el personal incluido en el ámbito de aplicación del presente Estatuto no se encontrase en la situación de servicio activo, se le reconocerán los derechos económicos y complementos retributivos a los que se refiere el apartado anterior a partir del momento en el que se produzca su reingreso al servicio activo[245].

2.ª *Personal laboral fijo que desempeña funciones o puestos clasificados como propios de personal funcionario.*—

El personal laboral fijo[246] que a la entrada en vigor de la Ley 7/2007, de 12 de abril, estuviere desempeñando funciones de personal funcionario, o pasare a desempeñarlos en virtud de pruebas de selección o promoción convocadas antes de dicha fecha, podrá seguir desempeñándolos.

Asimismo, podrá participar en los procesos selectivos de promoción interna[247] convocados por el sistema de concurso-oposición[248], de forma independiente o conjunta con los procesos selectivos de libre concurrencia, en aquellos Cuerpos y Escalas a los que figuren adscritos las funciones o los puestos que desempeñe, siempre que posea la titulación necesaria y reúna los restantes requisitos exigidos, valorándose a estos efectos como mérito los servicios efectivos prestados como personal laboral fijo y las pruebas selectivas superadas para acceder a esta condición.

---

[245] Art. 86 de esta Ley.
[246] Art. 11 de esta Ley.
[247] Art. 18 de esta Ley.
[248] Art. 61.6 de esta Ley.

3.ª *Entrada en vigor de la nueva clasificación profesional.*—1. Hasta tanto no se generalice la implantación de los nuevos títulos universitarios a que se refiere el artículo 76, para el acceso a la función pública seguirán siendo válidos los títulos universitarios oficiales vigentes a la entrada en vigor de este Estatuto.

2. Transitoriamente, los Grupos de clasificación existentes a la entrada en vigor de la Ley 7/2007, de 12 de abril, se integrarán en los Grupos de clasificación profesional de funcionarios previstos en el artículo 76, de acuerdo con las siguientes equivalencias:

Grupo A: Subgrupo A1.
Grupo B: Subgrupo A2.
Grupo C: Subgrupo C1.
Grupo D: Subgrupo C2.
Grupo E: Agrupaciones Profesionales a que hace referencia la disposición adicional sexta.

3. Los funcionarios del Subgrupo C1 que reúnan la titulación exigida podrán promocionar al Grupo A sin necesidad de pasar por el nuevo Grupo B, de acuerdo con lo establecido en el artículo 18 de este Estatuto.

4.ª *Consolidación de empleo temporal*[249].—1. Las Administraciones Públicas podrán efectuar convocatorias de consolidación de empleo a puestos o plazas de carácter estructural correspondientes a sus distintos cuerpos, escalas o categorías, que estén dotados presupuestariamente y se encuentren desempeñados interina o temporalmente con anterioridad a 1 de enero de 2005.

2. Los procesos selectivos garantizarán el cumplimiento de los principios de igualdad, mérito, capacidad y publicidad.

3. El contenido de las pruebas guardará relación con los procedimientos, tareas y funciones habituales de los puestos objeto de cada convocatoria. En la fase de concurso podrá valorarse, entre otros méritos, el tiempo de servicios prestados en las Administraciones Públicas y la experiencia en los puestos de trabajo objeto de la convocatoria.

---

[249] Arts. 23.2 y 103.3 CE, y 55 de esta Ley.

Los procesos selectivos se desarrollarán conforme a lo dispuesto en los apartados 1 y 3 del artículo 61 del presente Estatuto.

5.ª *Procedimiento electoral general*[250].—En tanto se determine el procedimiento electoral general previsto en el artículo 39 del presente Estatuto, se mantendrán con carácter de normativa básica los siguientes artículos de la Ley 9/1987, de 12 de junio, de órganos de representación, determinación de las condiciones de trabajo y participación del personal al servicio de las Administraciones Públicas: 13.2, 13.3, 13.4, 13.5, 13.6, 15, 16, 17, 18, 19, 20, 21, 25, 26, 27, 28 y 29.

6.ª *Duración del permiso de paternidad por el nacimiento, acogimiento o adopción de un hijo para el personal funcionario hasta la entrada en vigor de la Ley 9/2009, de 6 de octubre.*—Sin perjuicio de lo indicado en el artículo 49, letra *c*), la duración del permiso de paternidad para el personal funcionario seguirá siendo de quince días hasta que no se produzca la entrada en vigor del artículo 2 de la Ley 9/2009, de 6 de octubre.

7.ª *Referencia a los organismos reguladores.*—Hasta que se produzca la entrada en vigor de la Ley 40/2015, de 1 de octubre, de Régimen Jurídico del Sector Público, las previsiones contenidas en la disposición adicional cuarta de esta Ley se entenderán referidas a los organismos reguladores de la disposición adicional décima.1 de la Ley 6/1997, de 14 de abril, de Organización y Funcionamiento de la Administración General del Estado.

8.ª *Aplicación del artículo 84.3.*—De acuerdo con lo previsto en la disposición final cuarta, las previsiones contenidas en el artículo 84.3 en relación con la forma de proceder en los supuestos de cese en puesto de libre designación, resultarán de aplicación en las Administraciones Públicas en las que se haya aprobado la correspondiente ley de desarrollo.

---

[250] Art. 39 y Disp. Derog. única, apartado *c*), de esta Ley.

DISPOSICIÓN DEROGATORIA

Única. Quedan derogadas con el alcance establecido en el apartado 2 de la disposición final cuarta, las siguientes disposiciones:

a) De la Ley de Funcionarios Civiles del Estado aprobada por Decreto 315/1964, de 7 de febrero, los artículos 1, 2, 3, 4, 5.2, 7, 29, 30, 36, 37, 38, 39.2, 40, 41, 42, 44, 47, 48, 49, 50, 59, 60, 61, 63, 64, 65, 68, 71, 76, 77, 78, 79, 80, 87, 89, 90, 91, 92, 93, 102, 104 y 105.

b) De la Ley 30/1984, de 2 de agosto, de Medidas para la Reforma de la Función Pública, los artículos 3.2.*e*) y *f*); 6; 7; 8; 11; 12; 13.2, 3 y 4; 14.4 y 5; 16; 17; 18.1 a 5; 19.1 y 3; 20.1.*a*), *b*), párrafo primero, *c*), *e*) y *g*) en sus párrafos primero a cuarto, e *i*), 2 y 3; 21; 22.1 a excepción de los dos últimos párrafos; 23; 24; 25; 26; 29, a excepción del último párrafo de sus apartados 5, 6 y 7; 30.3 y 5; 31; 32; 33; disposicio-

nes adicionales tercera.2 y 3, cuarta, duodécima y decimoquinta, disposiciones transitorias segunda, octava y novena.

c) La Ley 9/1987, de 12 de junio, de órganos de representación, determinación de las condiciones de trabajo y participación del personal al servicio de las Administraciones Públicas, excepto su artículo 7 y con la excepción contemplada en la disposición transitoria quinta de este Estatuto.

d) De la Ley 7/1985, de 2 de abril, reguladora de las bases del Régimen Local, el Capítulo III del Título VII.

e) Del Real Decreto Legislativo 781/1986, de 18 de abril, texto refundido de las disposiciones legales vigentes en materia de Régimen Local, el Capítulo III del Título VII.

f) Todas las normas de igual o inferior rango que contradigan o se opongan a lo dispuesto en este Estatuto.

DISPOSICIONES FINALES

1.ª *Habilitación competencial.*—Las disposiciones de este Estatuto se dictan al amparo del artículo 149.1.18.ª de la Constitución, constituyendo aquellas bases del régimen estatutario de los funcionarios; al amparo del artículo 149.1.7.ª de la Constitución, por lo que se refiere a la legislación laboral, y al amparo del artículo 149.1.13.ª de la Constitución, bases y coordinación de la planificación general de la actividad económica.

2.ª   Las previsiones de esta Ley son de aplicación a todas las comunidades autónomas respetando en todo caso las posiciones singulares en materia de sistema institucional y las competencias exclusivas y compartidas en materia de función pública y de autoorganización que les atribuyen los respectivos Estatutos de Autonomía, en el marco de la Constitución.

3.ª   *Modificación de la Ley 53/1984, de 26 de diciembre, de incompatibilidades del personal al servicio de las Administraciones Públicas.*—Se modifica el apartado 1 del artículo 16, que queda redactado de la siguiente forma:

«No podrá autorizarse o reconocerse compatibilidad al personal funcionario, al personal eventual y al personal laboral cuando las retribuciones complementarias que tengan derecho a percibir del apartado *b*) del artículo 24 del presente Estatuto[251] incluyan el factor de incompatibilidad al retribuido por arancel y al personal directivo, incluido el sujeto a la relación laboral de carácter especial de alta dirección.»

4.ª   *Entrada en vigor.*— 1.   Lo establecido en los Capítulos II y III del Título III, excepto el artículo 25.2, y en el Capítulo III del Título V producirá efectos a partir de la entrada en vigor de las leyes de Función Pública que se dicten en desarrollo de este Estatuto[252].

La disposición final tercera del presente Estatuto producirá efectos en cada Administración Pública a partir de la entrada en vigor del Capítulo III del Título III con la aprobación de las leyes de Función Pública de las Administracio-

---

[251] La referencia debe entenderse hecha al Texto Refundido de la Ley del Estatuto Básico del Empleado Público, aprobado por Real Decreto Legislativo 5/2015, de 30 de octubre.
[252] Art. 6.º de esta Ley.

nes Públicas que se dicten en desarrollo de este Estatuto. Hasta que se hagan efectivos esos supuestos la autorización o denegación de compatibilidades continuará rigiéndose por la actual normativa[253].

2. Hasta que se dicten las leyes de Función Pública y las normas reglamentarias de desarrollo se mantendrán en vigor en cada Administración Pública las normas vigentes sobre ordenación, planificación y gestión de recursos humanos en tanto no se opongan a lo establecido en este Estatuto.

---

[253] Art. 6.º de esta Ley.

APÉNDICE

RESOLUCIÓN DE 21 DE JUNIO DE 2007, DE LA SECRETARÍA GENERAL PARA LA ADMINISTRACIÓN PÚBLICA, POR LA QUE SE PUBLICAN LAS INSTRUCCIONES, DE 5 DE JUNIO DE 2007, PARA LA APLICACIÓN DEL ESTATUTO BÁSICO DEL EMPLEADO PÚBLICO EN EL ÁMBITO DE LA ADMINISTRACIÓN GENERAL DEL ESTADO Y SUS ORGANISMOS PÚBLICOS

(*BOE* n.º 150, de 23 de junio de 2007)

La entrada en vigor el 13 de mayo de la Ley 7/2007, de 12 de abril, por la que se aprueba el Estatuto Básico del Empleado Público (en adelante EBEP), aconseja dictar unas Instrucciones generales que contengan los criterios de interpretación necesarios para lograr una actuación coordinada y homogénea de los responsables de la gestión de los recursos humanos, fundamentalmente en relación con:

— Preceptos del EBEP que están en vigor y por tanto son directamente aplicables en el ámbito de la Administración General del Estado y sus Organismos Públicos, así como preceptos de la normativa de función pública que permanecen vigentes hasta que se apruebe la Ley de Función Pública de la Administración General del Estado y sus Organismos Públicos (en adelante Ley de Función Pública de la AGE), en tanto no se opongan a lo establecido en el EBEP.

— Determinadas materias del régimen de función pública respecto de las cuales el Estatuto introduce algunas novedades bien desde su entrada en vigor, bien una vez aprobada la Ley de Función Pública de la AGE.

A tal objeto, la Secretaría General para la Administración Pública, en ejercicio de las competencias que le están atribuidas en el artículo 8.*a*) del Real Decreto 9/2007, de 12 de enero, dicta las siguientes instrucciones:

1.º *Normativa aplicable hasta la promulgación de la Ley de Función Pública de la Administración General del Estado.*—La Disposición Final 4.ª del EBEP establece su entrada en vigor en distintas fases al prever que «entrará en vigor en el plazo de un mes a partir de su publicación en el *Boletín Oficial del Estado*» pero exceptuando diversos preceptos, que «producirán efectos a partir de la entrada en vigor de las Leyes de Función Pública que se dicten en desarrollo de este Estatuto».

Por su parte, la Disposición Derogatoria única del EBEP deroga expresamente determinadas disposiciones con rango de Ley que tienen el alcance de normativa básica del régimen de la función pública, aunque precisando que dichas disposiciones «quedan derogadas con el alcance establecido en la Disposición Final 4.ª» que, a tal efecto, establece en su apartado tercero:

«Hasta que se dicten las Leyes de Función Pública y las normas reglamentarias de desarrollo se mantendrán en vigor en cada Administración Pública las normas vigentes sobre ordenación, planificación y gestión de recursos humanos en tanto no se opongan a lo establecido en este Estatuto.»

Esta Disposición Derogatoria debe interpretarse de acuerdo con las reglas generales de aplicación de las normas jurídicas contenidas en el Título Preliminar del Código Civil, cuyo artículo 2.2 dispone:

«Las Leyes sólo se derogan por otras posteriores. La derogación tendrá el alcance que expresamente se disponga y se extenderá siempre a todo aquello que en la Ley nueva, sobre la misma materia, sea incompatible con la anterior.»

En consecuencia, el alcance de la Disposición Derogatoria del EBEP no es absoluto, sino que viene determinado por lo previsto en el apartado tercero de su Disposición Final 4.ª

Quiere esto decir que el legislador, al igual que no ha dispuesto una entrada en vigor automática de todas las disposiciones del EBEP, tampoco ha optado por una derogación automática de la normativa vigente en materia de Función Pública, sino que determinadas disposiciones mantendrán su vigencia «hasta que se dicten las Leyes de Función Pública y las normas reglamentarias de desarrollo» y «en tanto no se opongan a lo establecido en este Estatuto».

Y ello porque el EBEP tiene naturaleza de Ley básica necesitada de un desarrollo legislativo ulterior tal como en él se prevé.

Por tanto, mientras no se produzca dicho desarrollo, los preceptos derogados únicamente lo están en tanto se opongan a lo dispuesto, con carácter básico, para todas las Administraciones Públicas, como «mínimo común»,

por el nuevo EBEP. En cuanto que normativa propia y específica de la Función Pública de la AGE, al carecer esta de una Ley privativa reguladora de su Función Pública, mantienen su vigencia, aunque sin carácter básico, siempre que no se opongan a lo establecido por el EBEP, mientras se dicta el desarrollo normativo en el ámbito de la AGE.

Procede pues distinguir:

1.º Preceptos del EBEP directamente aplicables:

— El Título I («Objeto y ámbito de aplicación»).

— El Título II («Clases de personal al servicio de las Administraciones Públicas»).

— Del Título III («Derechos y deberes. Código de conducta de los empleados públicos»):

• El Capítulo I («Derechos de los empleados públicos»).

• El artículo 25.2 del Capítulo III («Reconocimiento de los trienios de los funcionarios interinos»).

• El Capítulo IV («Derecho a la negociación colectiva, representación y participación institucional. Derecho de reunión»).

• El Capítulo V («Derecho a la jornada de trabajo, permisos y vacaciones»).

• El Capítulo VI («Deberes de los empleados públicos. Código de conducta»).

— El Título IV («Adquisición y pérdida de la relación de servicio»).

— El Título V («Ordenación de la actividad profesional»), salvo el Capítulo III («Provisión de puestos de trabajo y movilidad»).

— La Disposición Final 3.ª, apartados 1 y 2 («Régimen de incompatibilidades»), en la forma prevista en el apartado 14 de estas Instrucciones.

2.º   Preceptos del EBEP que producirán efectos a partir de la entrada en vigor de la Ley de Función Pública de la AGE:

— Los Capítulos II («Derecho a la carrera profesional y a la promoción interna. La evaluación del desempeño») y III («Derechos retributivos») del Título III.

— El Capítulo III («Provisión de puestos de trabajo y movilidad») del Título V.

3.º   Preceptos de la normativa de función pública que, al amparo de la Disposición Final 4.ª del EBEP, continúan vigentes hasta que se apruebe la Ley de Función Pública de la AGE, en tanto no se opongan al EBEP. Entre dichos preceptos, cabe señalar:

— El artículo 29 de la Ley 30/1984, de 2 de agosto, de Medidas para la Reforma de la Función Pública, relativo a situaciones administrativas, en los términos previstos en el apartado 11 de estas Instrucciones.

— El artículo 68 de la Ley de Funcionarios Civiles del Estado de 1964, sobre vacaciones.

— El artículo 71 de la Ley de Funcionarios Civiles del Estado de 1964, sobre licencia de quince días por matrimonio.

2.º   *Ámbito de aplicación del EBEP en el ámbito de la Administración General del Estado (art. 2).*—En el ámbito de la Administración del General Estado, las normas del EBEP se aplican al personal funcionario al servicio de:

— La Administración General del Estado.

— Los Organismos Públicos, Agencias y demás Entidades de derecho público con personalidad jurídica propia, vinculadas o dependientes de la Administración General del Estado.

— Las Universidades Públicas no transferidas.

Al personal laboral que presta servicios en dicho ámbito se le aplican los preceptos del EBEP que así lo dispongan.

3.º *Reserva del ejercicio de potestades públicas a funcionarios públicos (art. 9.2).*— El artículo 9.2 del EBEP establece que «en todo caso, el ejercicio de las funciones que impliquen la participación directa o indirecta en el ejercicio de las potestades públicas o en la salvaguardia de los intereses generales del Estado y de las Administraciones Públicas corresponden exclusivamente a los funcionarios públicos, en los términos que en la ley de desarrollo de cada Administración Pública se establezca».

Dicha reserva es de aplicación directa e inmediata a todo el personal al servicio de la AGE señalado en el apartado 2.

4.º *Aplicación del EBEP a las entidades del sector público y a los Organismos contemplados en la Disposición Adicional 10.ª1 de la LOFAGE (Disps. Adics. 1.ª y 5.ª).*—A las entidades del sector público estatal, comprendidas en el artículo 2 de la Ley 47/2003, de 24 de noviembre, General Presupuestaria, les serán de aplicación los principios de los artículos 52 («Deberes de los empleados públicos. Código de conducta») y 59 («Personas con discapacidad»), así como lo dispuesto en los artículos 53 («Principios éticos»), 54 («Principios de conducta») y 55 («Principios rectores de acceso al empleo público»).

A los Organismos reguladores contemplados en el apartado 1 de la Disposición Adicional 10.ª de la Ley 6/1997, de Organización y Funcionamiento de la Administración General del Estado, les será de aplicación el EBEP en la forma prevista en sus leyes de creación.

5.º *Normas del EBEP aplicables al personal laboral (art. 7).*—El artículo 7 establece el sistema de fuentes aplicable al personal laboral, ordenando que se rige: «además de por la legislación laboral y por las demás normas convencionalmente aplicables, por los preceptos de este Estatuto que así lo dispongan».

Por ello, son de directa aplicación, en todo caso, las siguientes normas del EBEP relativas al personal laboral:

a) Funciones que puede desempeñar el personal laboral: Sigue en vigor el art. 15.1.*c)* de la Ley 30/1984, que determina los puestos que puede desempeñar el personal laboral, incluido el personal con contrato laboral de alta dirección.

b) Acceso al empleo público del personal laboral (art. 57.4): Será de aplicación a la selección de personal laboral lo previsto en estas Instrucciones para la selección del personal funcionario de carrera con la particularidad de que los extranjeros con residencia legal en España pueden acceder al empleo público en iguales condiciones que los españoles.

c) Composición de los órganos de selección (arts. 60 y 61.7): Deberán respetarse las siguientes reglas:

— No podrá formar parte de los órganos de selección el personal de elección o de designación política, los funcionarios interinos y el personal eventual.

— La pertenencia será siempre a título individual, no pudiendo ostentarse esta en representación o por cuenta de nadie.

— En este contexto, se podrán negociar las formas de colaboración que, en el marco de los convenios colectivos, fijen la actuación de las Organizaciones Sindicales en el desarrollo de los procesos selectivos de personal laboral.

— La composición de los órganos colegiados tenderá a la paridad entre mujer y hombre.

d) Régimen disciplinario del personal laboral (arts. 93-98): El régimen disciplinario del Título VII del EBEP se aplica íntegramente al personal laboral.

En lo no previsto en dicho Título se aplicará la legislación laboral.

e) Despido improcedente (art. 96.2): Procederá la

readmisión del personal laboral fijo cuando sea declarado improcedente el despido acordado como consecuencia de la incoación de un expediente disciplinario por la comisión de una falta muy grave.

f) Promoción del personal laboral fijo a la condición de funcionario (Disp. Trans. 2.ª):

El personal laboral fijo que, a la entrada en vigor del EBEP, esté desempeñando funciones de personal funcionario, o pase a desempeñarlas por la superación de pruebas selectivas o de promoción convocadas antes de dicha fecha, podrá seguir desempeñándolas.

Podrá participar en los procesos selectivos de promoción interna convocados por el sistema de concursooposición, para acceder a los Cuerpos o Escalas que tienen adscritas las funciones de los puestos de trabajo que desempeñan, siempre que reúnan los demás requisitos exigidos por las correspondientes convocatorias. A estos efectos, se les valorará como mérito el tiempo de servicios prestados como personal laboral fijo y las pruebas selectivas superadas para acceder a dicha condición.

Esta participación en las pruebas de promoción interna se constituye en la vía que posibilita el acceso del personal laboral a los Cuerpos o Escalas que tienen adscritas las funciones de los puestos que desempeña dicho personal. De este modo, se actúa de acuerdo con la doctrina del Tribunal Constitucional en materia de acceso a la condición de funcionario de carrera (STC 38/2004, de 11 de marzo)

g) Provisión de puestos y movilidad (art. 83): La provisión de puestos y la movilidad del personal laboral se realizará de conformidad con lo establecido en los convenios colectivos aplicables y, en su defecto, con el sistema de provisión de puestos y movilidad del personal funcionario de carrera.

h) Situaciones del personal laboral (art. 92): Los convenios colectivos podrán determinar que el Título VI, «Situaciones administrativas», se aplique al personal incluido en sus respectivos ámbitos de aplicación en lo que resulte compatible con el Estatuto de los Trabajadores.

6.º *Funcionarios interinos (arts. 10 y 25.2).—* a) Nombramiento (art. 10): Se podrán nombrar funcionarios interinos en los siguientes dos nuevos supuestos:

— Para la ejecución de programas de carácter temporal [art. 10.1, apartado c)].

— Cuando exista un exceso o acumulación de tareas por plazo máximo de seis meses dentro de un período de doce meses [art. 10.1, apartado d)].

El objetivo que se pretende conseguir es reducir al mínimo indispensable la utilización de las figuras de los contratos por obra o servicio y por circunstancias de la producción.

b) Antigüedad (art. 25.2): Se reconocen los trienios correspondientes a los servicios prestados antes de la entrada en vigor del EBEP, que tendrán efectos retributivos únicamente a partir de la entrada en vigor del mismo.

Para el reconocimiento de los trienios se aplicarán las normas de Ley 70/1978, de 26 de diciembre, de Reconocimiento de Servicios Previos en la Administración Pública y su normativa de desarrollo.

7.º *Permisos y vacaciones (arts. 48-51).—*Se añaden los siguientes nuevos supuestos de permisos, que son comunes para el personal funcionario y el personal laboral:

a) Permisos (arts. 48 y 49):

— Una hora de ausencia del trabajo por lactancia de un hijo menor de doce meses y la sustitución del tiempo de lactancia por un permiso retribuido que acumule en jornadas completas el tiempo correspondiente [art. 48.1.f)].

— Un máximo de dos horas diarias de ausencia del trabajo por nacimiento de hijos prematuros o que por cualquier otra causa deban permanecer hospitalizados a continuación del parto [art. 48.1.g)].

— Disminución de la jornada de trabajo, con disminución de las retribuciones que corresponda, cuando por razones de guarda legal se tenga el cuidado directo de algún menor de doce años, persona mayor que requiera especial dedicación o persona con discapacidad que no desempeñe actividad retribuida [art. 48.1.*h*)].

— Reducción de hasta el cincuenta por ciento de la jornada laboral, con carácter retribuido, por razones de enfermedad muy grave por un plazo máximo de un mes para atender el cuidado de un familiar de primer grado [art. 48.1.*i*)].

— El tiempo indispensable para el cumplimiento de deberes relacionados con la conciliación de la vida familiar y laboral [art. 48.1.*j*)].

— Dos días adicionales a los de asuntos particulares cuando se cumpla el sexto trienio, incrementándose en un día adicional por cada trienio cumplido a partir del octavo (art. 48.2). El derecho a su disfrute nace a partir del día siguiente del cumplimiento del trienio.

— Dos meses como máximo, percibiendo las retribuciones básicas, si fuera necesario el desplazamiento previo de los progenitores al país de origen del adoptado, en los casos de adopción internacional [art. 49.*b*)].

— Quince días naturales de permiso de paternidad [art. 49.*c*)].

— Ampliación en dos semanas más del permiso por parto y del permiso por adopción o acogimiento en el supuesto de discapacidad del hijo [art. 49.*a*) y 49.*b*)].

— Posibilidad de seguir disfrutando el otro progenitor el permiso de maternidad inicialmente cedido, aunque en el momento previsto para la incorporación de la madre al trabajo esta se encuentre en situación de incapacidad temporal [art. 49.*a*)].

— Ampliación del permiso de maternidad en tantos días como el neonato se encuentre hospitalizado, con un máximo de trece semanas adicionales, en los casos de parto prematuro y en aquellos en que, por cualquier otra causa, el neonato deba permanecer hospitalizado a continuación del parto [art. 49.*a*)].

— Derecho a participar en los cursos de formación que convoque la Administración durante el disfrute del permiso por parto, adopción o acogimiento [art. 49.*a*) y 49.*b*)].

— Reducción de jornada con disminución proporcional de la retribución, o reordenación del tiempo de trabajo, a través de la adaptación de horario, de la aplicación del horario flexible o de otras formas de ordenación del tiempo de trabajo, a las víctimas de violencia de género sobre la mujer [art. 49.*d*)].

La Secretaría General para la Administración Pública elaborará una Guía práctica para la aplicación de los permisos y licencias en el ámbito de la Administración General del Estado.

b) Vacaciones (arts. 50 y 51): Las vacaciones serán, como mínimo, durante cada año natural, de veintidós días hábiles, o de los días que correspondan proporcionalmente si el tiempo de servicio durante el año fuera menor.

No se considerarán como días hábiles los sábados, sin perjuicio de las adaptaciones que se establezcan para los horarios especiales.

Sigue vigente, de acuerdo con lo señalado en el apartado 1 de estas Instrucciones, el artículo 68.2 de la Ley de Funcionarios Civiles del Estado de 1964, aprobada por

Decreto 315/1964, de 7 de febrero, en la redacción dada por el artículo 51 de la Ley 53/2002, de 30 de diciembre.

En consecuencia, «Asimismo, tendrán derecho a un día hábil adicional al cumplir quince años de servicio, añadiéndose un día hábil más al cumplir los veinte, veinticinco y treinta años de servicio, respectivamente, hasta un total de veintiséis días hábiles por año natural».

Los calendarios laborales aprobados con anterioridad al 13 de mayo de 2007 continúan en vigor.

c) Licencia por razón de matrimonio: Sigue siendo de aplicación, de acuerdo con el apartado 1 de estas Instrucciones, la licencia de quince días naturales en caso de matrimonio, regulada en el artículo 71.1 de la Ley de Funcionarios Civiles del Estado de 1964.

8.º *Adquisición y pérdida de la relación de servicio (arts. 55-68).—a*) Acceso al empleo público (arts. 56 y 57): La edad mínima para participar en los procesos selectivos, tanto para personal funcionario como para personal laboral, es de dieciséis años cumplidos.

La edad máxima no puede exceder de la edad de jubilación forzosa.

Sólo por Ley podrá exigirse otra edad máxima distinta de la edad de jubilación forzosa para el acceso al empleo público.

b) Composición de los órganos de selección (art. 60): Deberán respetarse las siguientes reglas:

— No podrá formar parte de los órganos de selección el personal de elección o de designación política, los funcionarios interinos y el personal eventual.

— La pertenencia será siempre a título individual, no pudiendo ostentarse esta en representación o por cuenta de nadie.

— La composición de los órganos colegiados tenderá a la paridad entre mujer y hombre.

c) Renuncia y rehabilitación (arts. 64 y 68): La renuncia a la condición de funcionario no podrá ser aceptada cuando esté sujeto a expediente disciplinario o se haya dictado en su contra auto de procesamiento o de apertura de juicio oral por la comisión de un delito.

En los supuestos de solicitud de rehabilitación en la condición de funcionario derivada de pena principal o accesoria, el silencio tendrá sentido negativo.

d) Jubilación (art. 67): De acuerdo con lo señalado en el apartado 1 de estas Instrucciones, con carácter transitorio hasta que se regulen los requisitos y condiciones de las modalidades de jubilación previstas en el EBEP, continúa en vigor el artículo 33 de la Ley 30/1984 sobre jubilación forzosa de los funcionarios públicos.

Según lo dispuesto en el último párrafo del apartado 3 del artículo 67 del EBEP, la Disposición Adicional 15.ª de la Ley 30/1984, en su redacción dada por la Ley 27/1994, de 29 de septiembre, en tanto que contiene normas estatales específicas de jubilación de los funcionarios de los cuerpos docentes, incluidos los de niveles de enseñanza universitaria, continúa en vigor.

9.º *Grupos de clasificación de los Cuerpos y Escalas (art. 76 y Disp. Trans. 3.ª).—* La integración de los Cuerpos y Escalas en los nuevos grupos y subgrupos de clasificación es automática.

Transitoriamente, los Grupos de clasificación existentes a la entrada en vigor del Estatuto se integran de forma automática en los Grupos de clasificación profesional de funcionarios previstos en el artículo 76 del EBEP, de acuerdo con las siguientes equivalencias:

— Antiguo Grupo A: Subgrupo A1.

— Antiguo Grupo B: Subgrupo A2.

— Antiguo Grupo C: Subgrupo C1.

— Antiguo Grupo D: Subgrupo C2.

— Antiguo Grupo E: Agrupaciones Profesionales a que hace referencia la Disposición Adicional 7.ª

Esta integración automática no resulta aplicable al nuevo grupo B que queda reservado a quienes estén en posesión del título de Técnico Superior, por no existir en los actuales grupos de clasificación uno equivalente.

10.º *Provisión de puestos de trabajo (arts. 78-84).*— Continúan vigentes los proce-

dimientos de provisión de puestos, que seguirán rigiéndose por la Ley 30/1984 y el Real Decreto 364/1995, teniendo en cuenta lo siguiente:

a) Concurso de provisión de puestos de trabajo de personal funcionario de carrera (art. 79): La composición de los órganos colegiados de carácter técnico encargados de la valoración de los méritos y capacidades y, en su caso, aptitudes de los candidatos, responderá al principio de profesionalidad y especialización de sus miembros y se adecuará al criterio de paridad entre mujer y hombre.

Se mantiene el requisito de permanencia mínima en cada puesto de trabajo de destino definitivo de dos años para poder participar en los concursos de provisión, salvo las excepciones previstas en la normativa de función pública vigente.

b) Cese en puestos de libre designación, supresión y remoción de puestos obtenidos por concurso: Continúan vigentes las reglas sobre asignación de puestos de trabajo en los supuestos de cese, supresión o remoción de los puestos, contenidos en el Reglamento General de Ingreso, Provisión de puestos y Promoción profesional y en la Resolución de 15 de febrero de 1996.

c) Movilidad del personal funcionario de carrera (art. 81): Los traslados forzosos por necesidades del servicio o funcionales, podrán efectuarse en todo el territorio del Estado.

Se atenderá prioritariamente a la voluntariedad de los traslados cuando motivos excepcionales conlleven la adopción de planes de ordenación de recursos.

d) Movilidad por razón de violencia de género (art. 82): Se sustituye el derecho preferente de la funcionaria víctima de violencia de género a ocupar otro puesto de trabajo vacante y de necesaria cobertura por el derecho al traslado a otro puesto de trabajo sin necesidad de que sea vacante de necesaria cobertura.

Se garantizará en todo caso la intimidad de las víctimas y la confidencialidad de los datos personales de estas y de las personas a su cargo.

e) La movilidad voluntaria entre Administraciones Públicas (art. 84): Los funcionarios de carrera que obtengan destino en otra Administración Pública a través de los procedimientos de provisión de puestos previstos en el artículo 78.2 del EBEP, quedarán respecto de su Administración de origen en la situación administrativa de servicio en otras Administraciones Públicas.

En los supuestos de cese o supresión del puesto de trabajo, permanecerán en la Administración de destino, que deberá asignarles un puesto de trabajo conforme a los sistemas de carrera y provisión de puestos vigentes en dicha Administración.

11.º *Situaciones administrativas (arts. 85-92).*—Sigue vigente la regulación de las situaciones administrativas contenida en la Ley 30/1984 y en el Real Decreto 365/1995, con los siguientes cambios:

a) Servicios especiales (art. 87): Se añaden los siguientes supuestos:

— Cuando sean designados miembros de los órganos de gobierno de las Ciudades de Ceuta y Melilla, de las

Instituciones de la Unión Europea o de las Organizaciones Internacionales o sean nombrados altos cargos de las citadas Administraciones Públicas o Instituciones [letra *a*)].

— Cuando sean nombrados para el desempeño de puestos o cargos en organismos públicos o entidades, dependientes o vinculados a las Administraciones Públicas que, de conformidad con lo que establezca la respectiva Administración Pública, estén asimilados en su rango administrativo a altos cargos [letra *c*)].

— Cuando se desempeñen cargos electivos retribuidos y de dedicación exclusiva en las Asambleas de las Ciudades de Ceuta y Melilla y en las Entidades Locales, cuando se desempeñen responsabilidades de órganos superiores y directivos municipales y cuando se desempeñen responsabilidades de miembros de los órganos locales para el conocimiento y la resolución de las reclamaciones económico-administrativas [letra *f*)].

— Cuando sean designados para formar parte de los Consejos de Justicia de las Comunidades Autónomas [letra *g*)].

— Cuando sean designados asesores de los grupos parlamentarios de las Cortes Generales o de las Asambleas Legislativas de las Comunidades Autónomas [letra *k*)].

— Cuando sean activados como reservistas voluntarios para prestar servicios en las Fuerzas Armadas [letra *l*)].

Los efectos de la situación de servicios especiales siguen siendo los previstos en el artículo 29 de la Ley 30/1984 y sus normas de desarrollo.

b) Servicio en otras Administraciones Públicas (art. 88):

A los funcionarios que se encuentran en situación de servicio en Comunidades Autónomas así como los que se hallan en servicio activo en Corporaciones Locales y en Universidades Públicas, les corresponde la situación administrativa de servicio en otras Administraciones Públicas.

Los funcionarios en situación de servicio en otras Administraciones Públicas tienen derecho a participar en las convocatorias que realice su Administración de origen para la provisión de puestos de trabajo y para la promoción interna.

c) Excedencia voluntaria por interés particular [art. 89.1.*a*)]: La concesión de excelencia voluntaria por interés particular queda subordinada a las necesidades del servicio. La concesión y la denegación deberán ser debidamente motivadas en función de las necesidades del servicio.

d) Excedencia voluntaria por agrupación familiar (art. 89.3): Procederá la declaración de esta situación en los casos en que el cónyuge resida en otra localidad por haber obtenido y estar desempeñando un puesto de trabajo de carácter definitivo en cualquiera de las Administraciones Públicas, Organismos Públicos y Entidades de Derecho Público dependientes o vinculados a ellos, en los Órganos constitucionales o del Poder Judicial, así como en la Unión Europea o en Organizaciones Internacionales.

e) Excedencia voluntaria para atender al cuidado de familiares e hijos (art. 89.4): El tiempo de permanencia en esta situación será computable a efectos de trienios, carrera y derechos en el régimen de Seguridad Social de aplicación.

El tiempo de permanencia en esta situación será computable para participar en las pruebas de promoción interna.

Esta situación conlleva la reserva del puesto de trabajo desempeñado durante dos años. Transcurrido ese período, la reserva será a un puesto en la misma localidad y de igual retribución.

f) Excedencia voluntaria por prestación de servicios en el sector público [art. 85.2.*b*)]: Se mantiene la regulación de esta clase de excedencia voluntaria en la redacción dada por el Real Decreto 255/2006, hasta tanto se promulgue la Ley de Función Pública de la AGE.

12.º *Código de Conducta (arts. 52-54)*.—El Código de Conducta, integrado por los deberes, principios éticos y principios de conducta contemplados en los artículos 52, 53 y 54, es de directa aplicación al personal funcionario y al personal laboral.

También le es de aplicación directa al personal al servicio de las entidades del sector público estatal, como se señala en el apartado 4.º de estas Instrucciones.

Los principios y reglas establecidos en el Código de Conducta informarán la interpretación y aplicación de los regímenes disciplinarios correspondientes.

13.º *Régimen disciplinario (arts. 93-98).*—El régimen disciplinario contenido en el Título VII del EBEP se aplica al personal funcionario y al personal laboral.

Sigue vigente el Reglamento de Régimen Disciplinario de los Funcionarios de la Administración General del Estado, aprobado por el Real Decreto 33/1986, de 10 de enero, así como los convenios colectivos de personal laboral en todo lo que no resulten incompatibles con lo dispuesto en este Título.

Se consideran faltas muy graves del personal funcionario y del personal laboral los siguientes supuestos no previstos en la actual normativa (art. 95):

— El acoso moral, sexual y por razón de sexo [letra *b*)].

— El abandono del servicio, así como no hacerse cargo voluntariamente de las tareas o funciones que tienen encomendadas [letra *c*)].

— La publicación o utilización indebida de la documentación que tengan o hayan tenido acceso por razón de su cargo o función [letra *e*)].

— El notorio incumplimiento de las funciones esenciales inherentes al puesto de trabajo o funciones encomendadas [letra *g*)].

— La desobediencia abierta a las órdenes o instrucciones de un superior [letra *i*)].

— La prevalencia en la condición de empleado público para obtener un beneficio indebido para sí o para otro [letra *j*)].

— La incomparecencia injustificada en las Comisiones de Investigación de las Cortes Generales y de las Asambleas Legislativas de las Comunidades Autónomas [letra *ñ*)].

— El acoso laboral [letra *o*)].

Se incorpora el traslado forzoso sin cambio de localidad de residencia como nueva sanción disciplinaria.

Se modifican los plazos de prescripción de las faltas: infracciones muy graves (tres años); graves (dos años); y leves (seis meses).

Se fijan los plazos de prescripción de las sanciones: por faltas muy graves (tres años); por faltas graves (dos años); y por faltas leves (un año).

Dichos plazos de prescripción de faltas y sanciones se aplican con el carácter de disposición legal de derecho necesario al personal laboral.

El cómputo del plazo de prescripción en caso de faltas continuadas se inicia desde el cese de su comisión.

Durante el tiempo en que se permanezca en situación de suspensión provisional se percibirá la totalidad de las retribuciones básicas y las prestaciones familiares por hijo a cargo.

Será obligatoria la devolución o restitución de lo percibido cuando la suspensión provisional se eleve a suspensión definitiva.

14.º *Incompatibilidades (Disp. Final 3.ª).—a)* Ámbito de aplicación (Disp. Final 3.ª, apartado 1): Se incluye en el ámbito de aplicación del artículo 2 de la Ley 53/1984, de 26 de diciembre, de Incompatibilidades del personal al servicio de las Administraciones Públicas, al personal funcionario y laboral de todos los Organismos Públicos [apartado *a*)], fundaciones y consorcios [apartado *g*)].

b) Personal directivo (Disp. Final 3.ª, apartado 2): No podrá reconocerse o autorizarse compatibilidad al personal directivo, incluido el sujeto a la relación laboral de carácter especial de alta dirección, de acuerdo con la modificación operada en el apartado 1 del artículo 16 de la Ley 53/1984.

ÍNDICE ANALÍTICO

A

B

C

D

E

F

— Inhabilitación: art. 66.
— Jornada de trabajo: art. 47.
— Jubilación: art. 67 y Disp. Adic. 5.ª
— Melilla: Disp. Adic. 3.ª
— Mesas de negociación: art. 34.
— Negociación colectiva: art. 33.
— Órganos de representación: art. 39.
— Pérdida de la condición: art. 63.
— Permisos: art. 48.
— Puestos de trabajo: art. 73.
— Rehabilitación de la condición: art. 68.
— Renuncia: art. 64.
— Responsabilidad disciplinaria: arts. 93 a 98.
— Situaciones administrativas: art. 85.
— Vacaciones: art. 50.
— Vid. «Empleados públicos», «Funcionarios de carrera», «Funcionarios en prácticas» y «Funcionarios interinos».

FUNCIONARIOS CON HABILI-TACIÓN DE CARÁCTER NA-CIONAL
— Disp. Trans. 7.ª

FUNCIONARIOS DE CARRERA
— Adquisición de la condición: art. 62.

— Concepto: art. 9.º
— Carrera:
  • Horizontal: art. 17.
  • Profesional: art. 16 y Disp. Adic. 9.ª
— Excedencia: art. 89.
— Grupos: art. 76.
— Libre designación: art. 80.
— Movilidad: arts. 81 y 84.
— Promoción interna: art. 18.
— Provisión de puestos de trabajo: arts. 78 y 79.
— Reingreso al servicio activo: art. 91.
— Servicio(s):
  • Activo: art. 86.
  • En otras Administraciones Públicas: art. 88.
  • Especiales: art. 87.
— Situaciones: art. 85.
— Suspensión de funciones: art. 90.

FUNCIONARIOS EN PRÁCTI-CAS
— Retribuciones: art. 26.

FUNCIONARIOS INTERINOS
— Concepto: art. 10.
— Retribuciones: art. 25.

G

GARANTÍAS
— De la función representativa del personal: art. 41.

GRUPOS
— Clasificación profesional: art. 76.

I

INDEMNIZACIÓN
— Art. 28.

INHABILITACIÓN PARA CARGO PÚBLICO
— Absoluta (pena principal o accesoria): art. 66.

— Especial (pena principal o accesoria): art. 66.

INTERINO
— Funcionario: art. 10.

J

L

M

N

R